Von  fragen und  wörtern

Alpen-Alptraum-Abenteuer

Ein Erlebnis ganz anderer Art erlebten acht Jugendliche in Frankreich. Von diesem Erlebnis sollst du den anderen in der Klasse erzählen.
Das ganze Geschehen ist in vier Textabschnitte zerlegt.

Bearbeite jeden Abschnitt nun in folgender Weise:

- ❍ Lies den Textabschnitt
- ❍ Unterstreiche in jedem Textabschnitt die wichtigen Schlüsselwörter.
- ❍ Notiere die Schlüsselwörter auf einem Zettel.
- ❍ Ordne jedem Textabschnitt die richtige der vier Schlüsselfragen zu.

4 Schlüsselfragen

Wo und womit hat man die Jugendlichen notdürftig versorgt?
Welche Maßnahmen erleichterten die Rettung?
Warum kamen die Jugendlichen nicht mehr aus der Höhle raus?
Was passierte am dritten Tag?

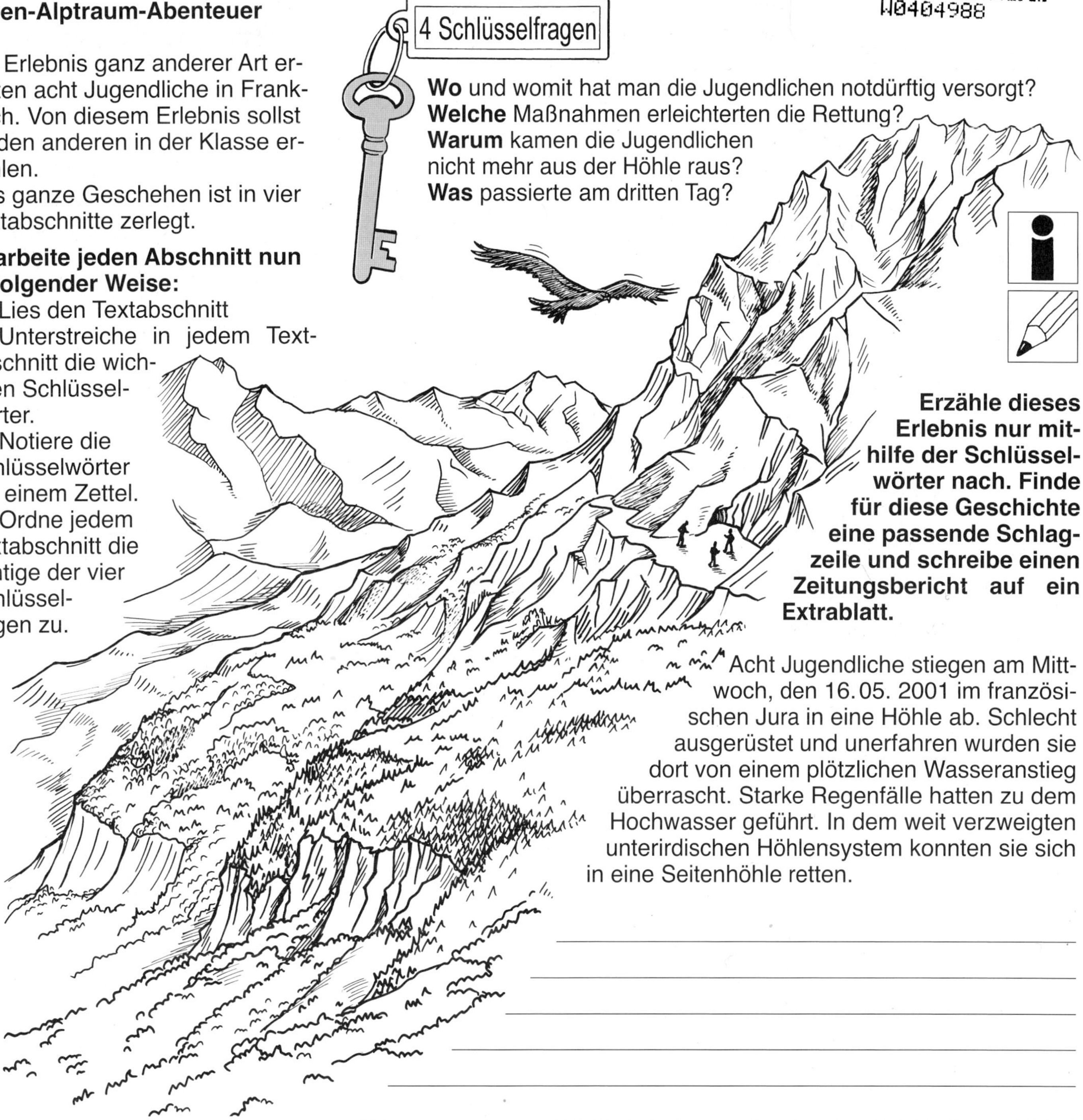

Erzähle dieses Erlebnis nur mithilfe der Schlüsselwörter nach. Finde für diese Geschichte eine passende Schlagzeile und schreibe einen Zeitungsbericht auf ein Extrablatt.

Acht Jugendliche stiegen am Mittwoch, den 16.05. 2001 im französischen Jura in eine Höhle ab. Schlecht ausgerüstet und unerfahren wurden sie dort von einem plötzlichen Wasseranstieg überrascht. Starke Regenfälle hatten zu dem Hochwasser geführt. In dem weit verzweigten unterirdischen Höhlensystem konnten sie sich in eine Seitenhöhle retten.

Als man ihr Verschwinden bemerkte, wurde eine Rettungsaktion gestartet. Der Zugang zur Höhle musste mit Sprengstoff vergrößert werden, damit die Rettungskräfte zu den Eingeschlossenen vordringen konnten. Das Wasser wurde mit Spezialgeräten abgepumpt, um den Pegelstand in der Höhle abzusenken.

Nachdem die Eingeschlossenen von Rettungstauchern in der Seitenhöhle aufgespürt wurden, konnte man sie mit trockener Kleidung, Lebensmitteln und warmen Getränken versorgen.
Nach drei Tagen fand das Höhlendrama endlich ein glückliches Ende. Die Geretteten wurden sofort in einer medizinischen Notstation am Unglücksort ärztlich versorgt.

OKTOPUS Lernen mit Methode, ISBN 3-623-20700-4

Wir werten Texte aus

Wenn du die nächsten Seiten durcharbeitest, wirst du feststellen, dass es gar nicht so schwer ist, auch den längsten und schwersten Text zu verstehen. Inzwischen weißt du ja schon, wie du die Schlüsselwörter in einem Text findest. Die Schlüsselwörter helfen dir, den Inhalt eines Textes zusammen zu fassen und du kannst mit ihnen sogar einen Textinhalt sichtbar machen.
Wie das geht, wirst du ganz schnell lernen.

1. Bearbeite die einzelnen Schritte der Reihe nach.

Sieben Regeln zur Textauswertung

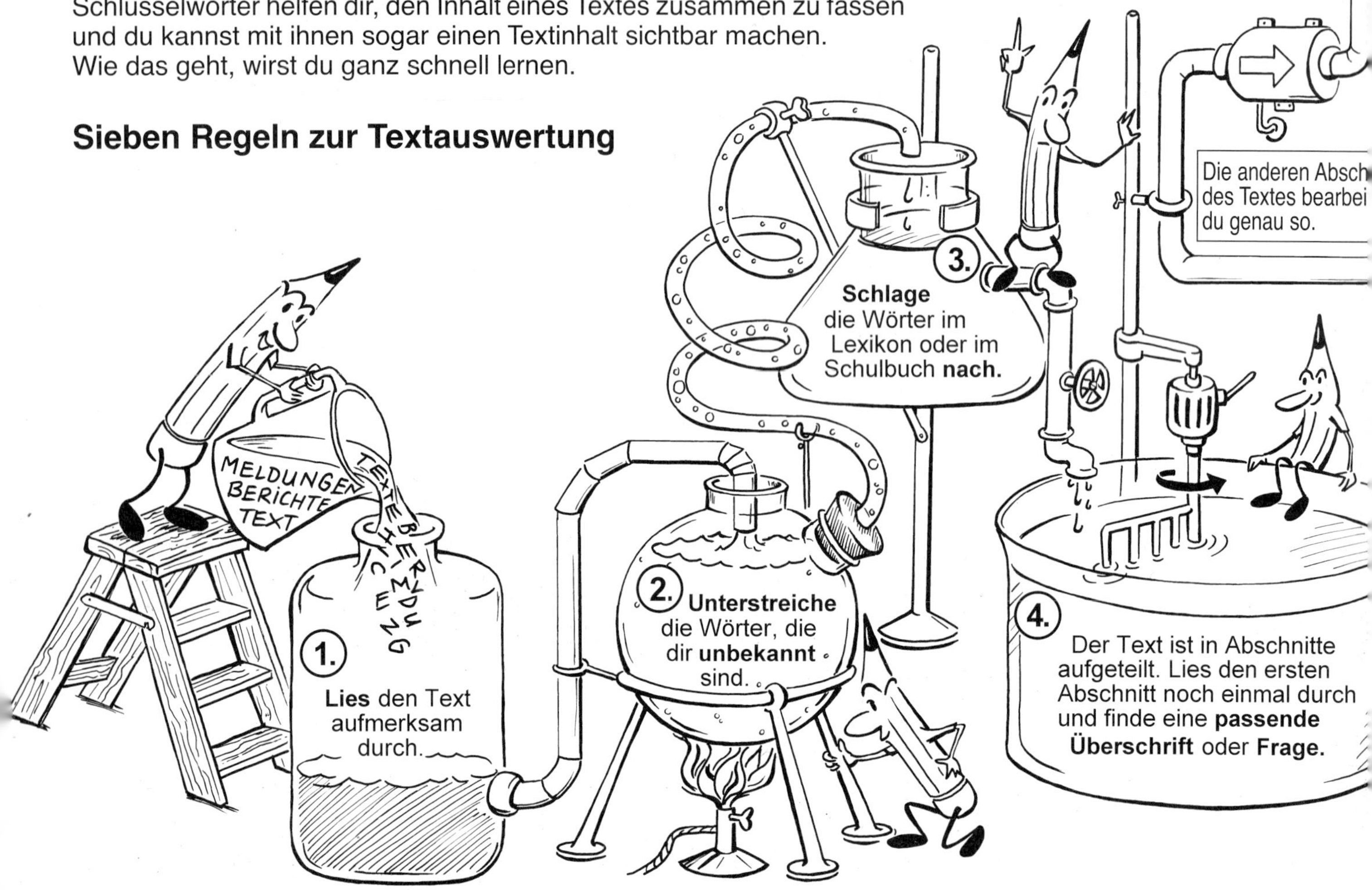

Ein Tiroler Dorf rüstet auf

Im Februar 1999 wurde das Tiroler Dorf Galtür durch 100 000 Tonnen Schnee verwüstet. Eine gigantische Lawine löste sich in 2 700 Meter Höhe und stürzte mit 200 bis 250 km/h zu Tal. Auf einer Breite von 400 Metern wurde alles mitgerissen. Große Teile des Dorfes wurden verschüttet und 31 Menschen konnten nicht mehr gerettet werden.
Galtür rüstet sich gegen den weißen Tod und errichtet zwei Schutzwälle. Sie sind bis zu zwölf Meter hoch und sollen insgesamt 464 Meter lang werden. An den Hängen rings um den Ort treibt man fünf Meter hohe Lawinensperren aus Metall in die Felsen. Geplant sind zwölf Kilometer dieser Gitter.
Die Arbeit geht nur langsam voran und man rechnet damit, dass es noch ca. 10 Jahre dauern wird, bis das letzte Schutzgitter steht.
Im Ort werden die zerstörten Häuser neu errichtet. Die Einwohner nennen sie „Bunker", da man entweder keine oder nur noch kleine Fenster in die lawinengefährdeten Seiten einbaut. Auch auf den Dachüberstand verzichtet man, damit die Druckwelle keine Angriffsfläche hat.
Den ganzen Sommer über dauern die Bauarbeiten schon, denn im Dezember kommen die ersten Wintersportgäste.

2. und 3. Diese Wörter kenne ich nicht!

OKTOPUS Lernen mit Methode, ISBN 3-623-20700-4

Bist Du schon ein Lernprofi?

So ist es dir sicher auch schon ergangen. Wenn du dieses Heft bearbeitet hast, findest du Antworten auf die Fragen wie man **richtig** lernt, und was beim Lernen **wichtig** ist. Das geht gar nicht schwer. Einige Lernwege, Lernmethoden, Lerntipps lernst du nun genauer kennen. **Bevor du loslegst, willst du sicher wissen, ob du schon ein richtiger Lernprofi bist. Mach doch mal diesen kleinen Test!**

Der Schlüssel sagt: stimmt
(so geht das Lernen richtig, das ist fürs Lernen wichtig)

Zeichne den Lernschlüssel in das richtige Kästchen

	stimmt	stimmt nicht
1. Wenn du einen Text durcharbeitest, markierst du die wichtigsten Stellen.		
2. Wenn du einen Text liest, schreibst du Stichwörter und Fragen an den Rand.		
3. Du sollst in einem Text das Wichtigste unterstreichen. Du unterstreichst alles.		
4. Du willst einen längeren Text neu kennen lernen. Du liest dir den Text einfach mehrmals durch.		
5. Auf deinem Schreibtisch oder im Regal stehen Lexika und Wörterbücher, damit du schnell nachschlagen kannst.		
6. Im Lexikon etwas nachzuschlagen ist dir viel zu mühsam. Du lässt das lieber jemand Anderen machen.		
7. Du willst vor der Klasse einen kurzen Vortrag über Griechenland halten. Du schreibst eine Seite aus dem Länderlexikon ab.		
8. Ihr sollt in Gruppenarbeit über die Inselwelt Griechenlands berichten. Du informierst dich in der Stadtbücherei, gehst ins Reisebüro, suchst im Internet ...		

Auflösung Seite 21

OKTOPUS Lernen mit Methode, ISBN 3-623-20700-4

Ich lese mit dem Marker

Was ist wichtig? Du sollst in einem Text das Wichtigste unterstreichen.
Die folgende Übung ist ein kleines Trainingsprogramm.

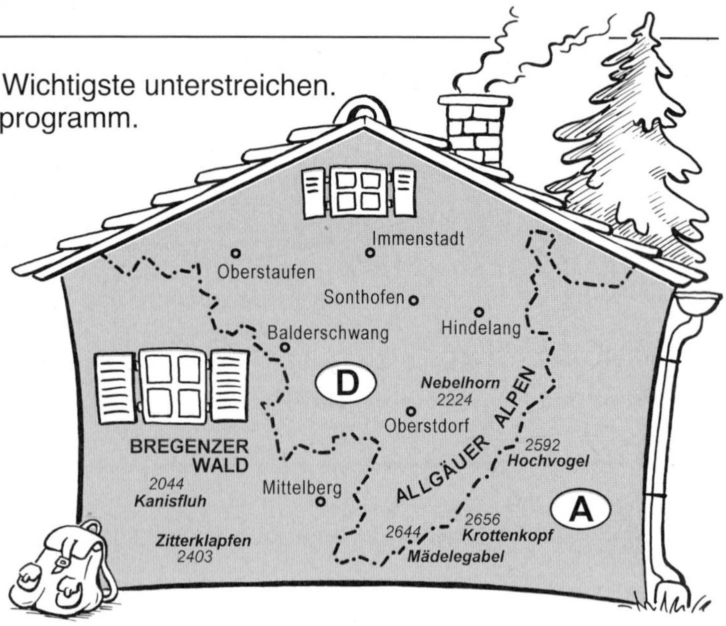

Die Bertrams, eine Familie mit zwei Kindern (6 Jahre und 12 Jahre), wollen ihren Sommerurlaub in den Allgäuer Alpen verbringen. Dieses Jahr planen sie eine Tour von **Oberstdorf** zur **Kemptner Hütte**, einer Schutzhütte des deutschen Alpenvereins in 1 846 m Höhe.
Um auf ihrer Bergtour keine unliebsamen Überraschungen zu erleben, haben sich die Bertrams gut informiert und unter anderem auch interessante Hinweise zum Thema „Besondere Gefahren für Kinder" im Internet gefunden – hier die Adresse
http://www.alpenverein.de

Welch ein herrliches Alpenpanorama. Hier ein Blick vom Nebelhorn auf die Mädelegabelgruppe in den Allgäuer Alpen. Aber in den Bergen lauern auch Gefahren!
Mit welchen Gefahren muss man rechnen, wenn man mit Kindern eine Tour im Gebirge macht?

1. Schritt

Nimm deinen Markerstift und markiere alle Wörter, die als Antwort zur Frage passen!

Kindern – meiden – grundsätzlich – mit – absturzgefährliches Gelände – ist – auch – steinschlaggefährdetes Gelände – tabu – ist – besteht – oder – bei – Rutschgefahr – auf – Schnee und Eis – bewachsene Steine – z. B. – auf – Nässe – bei – bleiben – beieinander – bei – alle – Nebel – guten Sonnenschutz – Kinder – oder – zu – schützen – einen – brauchen – sie – um – Sonnenbrand – zu – Hitzschlag (**Hinweis:** In der Liste sind 9 Gefahren aufgeführt)

2. Schritt

Das sind die Infos aus dem Internet. Lies den Text aufmerksam durch!
Suche deine markierten Wörter aus der Wörterliste und markiere sie ebenfalls.
Fällt dir etwas auf?

Mit Kindern auf Hütten   http://www.alpenverein.de

Neben den allgemein bekannten Gefahren sollte bei Touren mit Kindern besonders beachtet werden

- Mit Kindern absturzgefährliches Gelände grundsätzlich meiden;
- auch steinschlaggefährdetes Gelände ist tabu;
- Rutschgefahr besteht auf Schnee und Eis oder bei Nässe z. B. auf bewachsenen Steinen;
- Bei Nebel alle beieinander bleiben;
- Kinder brauchen einen guten Sonnenschutz, um sie vor Sonnenbrand oder Hitzschlag zu schützen.

OKTOPUS Lernen mit Methode, ISBN 3-623-20700-4

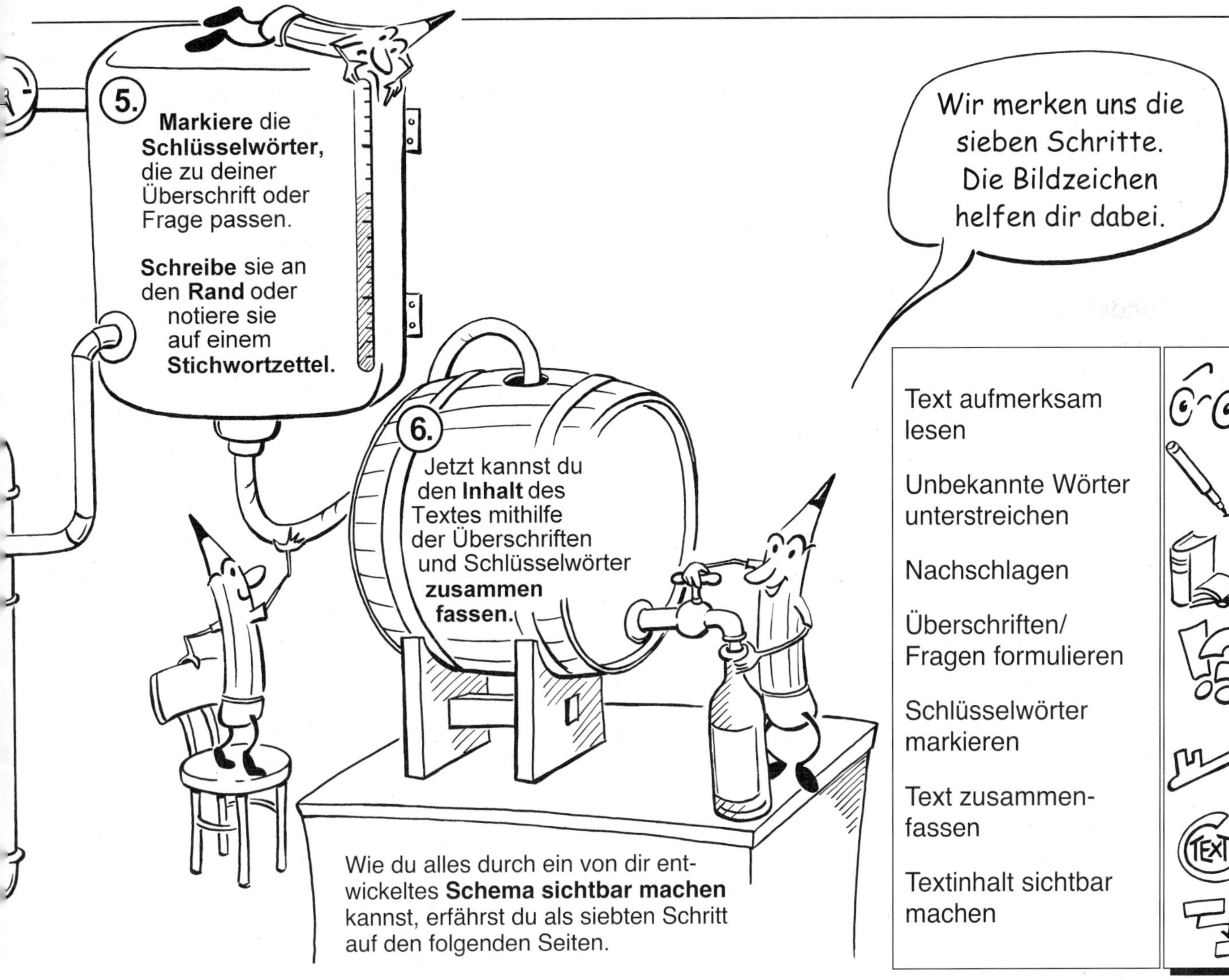

- Text aufmerksam lesen
- Unbekannte Wörter unterstreichen
- Nachschlagen
- Überschriften/Fragen formulieren
- Schlüsselwörter markieren
- Text zusammenfassen
- Textinhalt sichtbar machen

4. und 5. Passende Überschriften/Fragen und Schlüsselwörter

1. Abschnitt: Galtür wurde verwüstet
Februar 1999, Galtür, verwüstet, gigantische Lawine, 2700 Meter Höhe, große Teile verschüttet, 31 Menschen nicht gerettet.

Bearbeite nach dem Beispiel auch die Abschnitte 2–5.

6. Zusammenfassung

OKTOPUS Lernen mit Methode, ISBN 3-623-20700-4

Wir machen einen Textinhalt sichtbar

Inzwischen weißt du, wie man mithilfe der Schlüsselwörter einen Bericht schreibt. Die Schlüsselwörter können dir auch helfen, einen Textinhalt sichtbar zu machen. Das ist keine Zauberei!

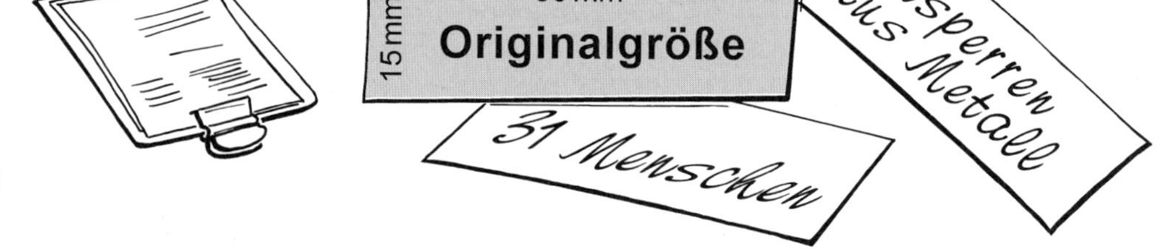

In dem folgenden Schema fehlen noch diese drei Oberbegriffe. Setze diese in den Schlüsselwortbaukasten richtig ein:

1. ***Schutzmaßnahmen***
2. ***Zerstörungen***
3. ***Naturkatastrophe***

Ordne dann die fehlenden Schlüsselwörter wie Bausteine den Oberbegriffen richtig zu:

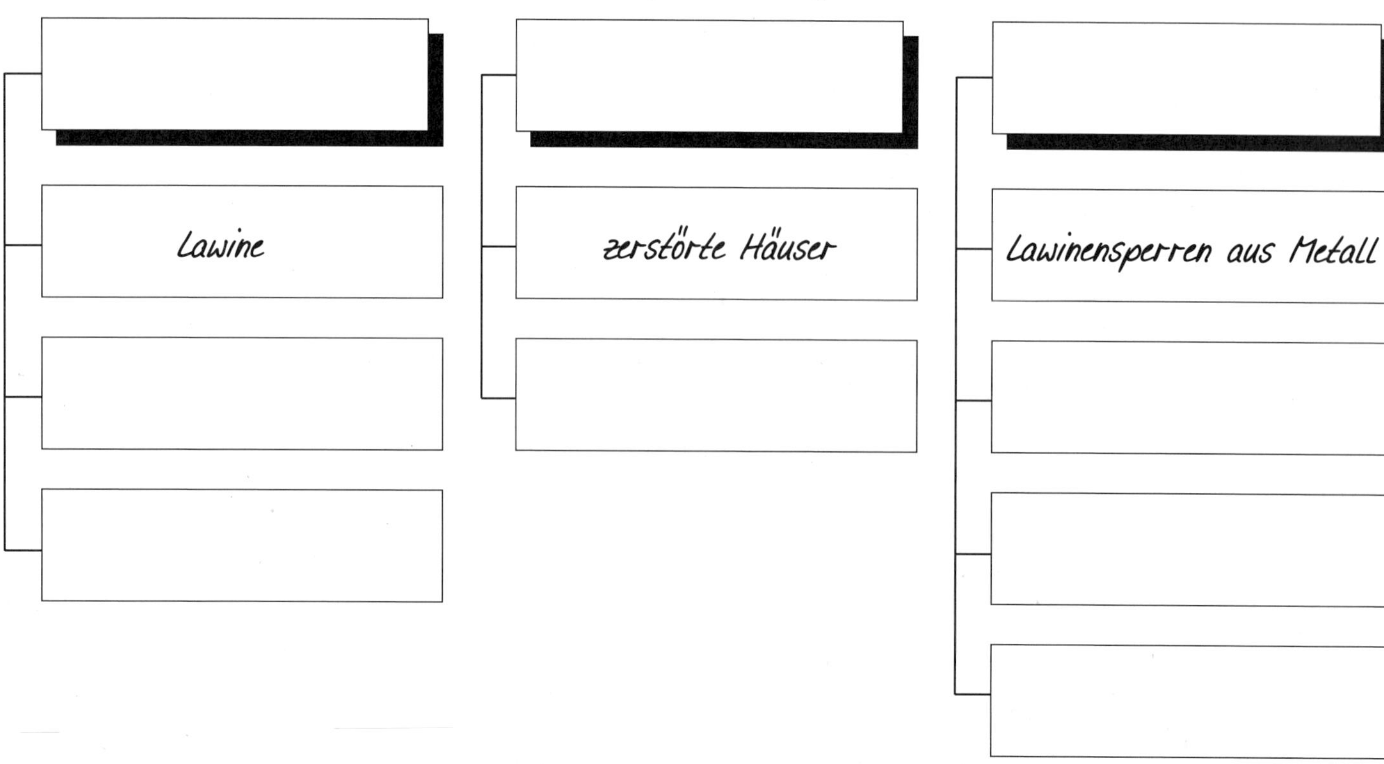

OKTOPUS Lernen mit Methode, ISBN 3-623-20700-4

Vom Wortbaukasten zum Gedankenschema

Mit dem Schlüsselwortbaukasten lassen sich Textzusammenhänge in einem Schema aufzeigen. Das geht wirklich ganz einfach. Verbinde deine Schlüsselwörter so, dass zwischen ihnen ein „roter Faden“, ein gedanklicher Zusammenhang, ein Schema entsteht.

Zum Beispiel so:

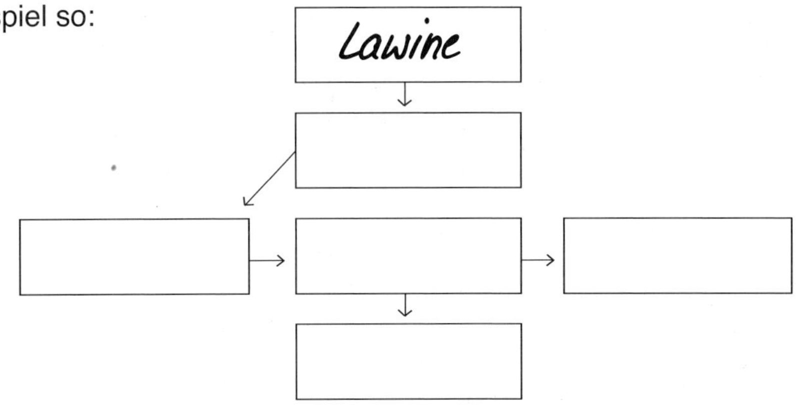

Unterhalte dich mit deinem Banknachbarn darüber, wie du deine Karten angeordnet hast. Vielleicht hat er/sie eine andere Zuordnung gefunden.

OKTOPUS Lernen mit Methode, ISBN 3-623-20700-4

„Gedankensturm“ – was fällt dir denn ein?

Was schreibt denn die Schülerin an die Tafel? Worum geht's da? Richtig. Es geht um eine **Klassenfahrt**. Eine Situation, die du in deiner Klasse bestimmt auch schon erlebt hast. Das Mädchen schreibt alles **ungeordnet** an die Tafel, was ihr die Klassenkameradinnen und Klassenkameraden ganz spontan zurufen. Sie muss ganz schön schnell schreiben, denn die Gedanken und Einfälle werden ihr **stürmisch** zugerufen. Jeder will zu Wort kommen und findet seine Idee am besten.
Mit diesem **„Gedankensturm“**, einer Fülle wichtiger oder weniger wichtiger Wörter und Begriffe ist die Tafel schon bald prall gefüllt.

Den **„Gedankensturm“**, das heißt, die Gedanken spontan und ungeordnet aufschreiben, nennt man auch **„Brainstorming“**.

Sicher fallen dir zur Planung einer Klassenfahrt noch weitere Gesichtspunkte, Wörter, Begriffe ein. Fülle mit deinen Gedanken nun die Tafel weiter aus. Schreib alles ungeordnet dazu, was du noch für wichtig hältst.

Um jedoch eine Klassenfahrt in die richtigen Wege zu leiten, muss in das Chaos der vielen guten Gedanken Ordnung gebracht werden. Folgende Fragen helfen dabei. Es sind die **Schlüssel-** oder **Leitfragen:**

Ordne diesen Leitfragen die folgenden Schlüsselwörter bzw. Oberbegriffe zu:

Kosten – Freizeitangebot – Ziel – Unterkunft – Transport

Finde noch weitere Schlüsselfragen bzw. -wörter.

Wo wollen wir hinfahren?
(______________________)
Wie kommen wir dort hin?
(______________________)
Wo wohnen wir?
(______________________)
Was können wir unternehmen?
(______________________)
Wie teuer ist die Fahrt?
(______________________)

Diese Fragen und Wörter weisen uns nun den Weg, viele gute aber noch ungeordnete Gedanken in die richtigen Bahnen zu lenken, sie zu bündeln, richtig zu verknüpfen, kurzum: in das Chaos der Gedanken eine Ordnung zu bringen.

Das nennt man **Mindmapping**. Es macht viel Spaß und wurde in England erfunden.

Oktopus erklärt und zeigt euch nun alles zur Mindmap.

OKTOPUS Lernen mit Methode, ISBN 3-623-20700-4

Mindmapping – eine „Gedankenkarte“ zeichnen

Mindmap
Was ist das?

Der englische Psychologe und Pädagoge Tony Buzan ist der Erfinder von Mindmapping.

Mindmapping bedeutet, eine Mindmap herstellen.

Mindmap kommt aus dem Englischen und bedeutet:
mind: Denken, Geist
map: Landkarte

Eine Mindmap wird nicht wie sonst von links nach rechts geschrieben, sondern beginnt in der Mitte des Blattes.

Auf Deutsch könnte es heißen:
- ❑ Gedankenlandkarte
- ❑ Landkarte der Gedanken
- ❑ Gedächtniskarte

Du kannst auch zeichnen oder Bilder dazu kleben.

Du schreibst keine Sätze, sondern nur **Schlüsselwörter**.

Mindmapping?
Wie geht das?

Das Thema in die Mitte
Lege ein leeres DIN-A4-Blatt quer vor dich hin. In die Mitte schreibst du das Thema (hier z. B. Klassenfahrt) zu dem du nun deine Gedanken schrittweise vernetzt und verknüpfst.

Hauptäste tragen Schlüsselwörter
Vom Thema führen nun Hauptäste weg. Jeder Ast verdeutlicht ein Schlüsselwort, einen wichtigen Gesichtspunkt, sozusagen eine Denkrichtung.

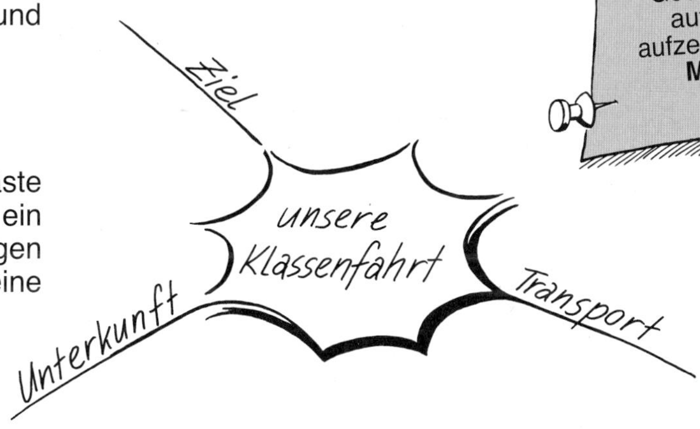

Nebenäste „verzweigen“ die Informationen.
Jeder **Hauptast** führt zu weiteren wichtigen **Nebenästen,** Zweigen und Blättern. Sie tragen weitere Informationen und Gedanken zum Thema. Du kannst dir das wie einen Baum vorstellen.

... ergänze die Mindmap zur Klassenfahrt mit weiteren Ästen, Zweigen und Blättern.

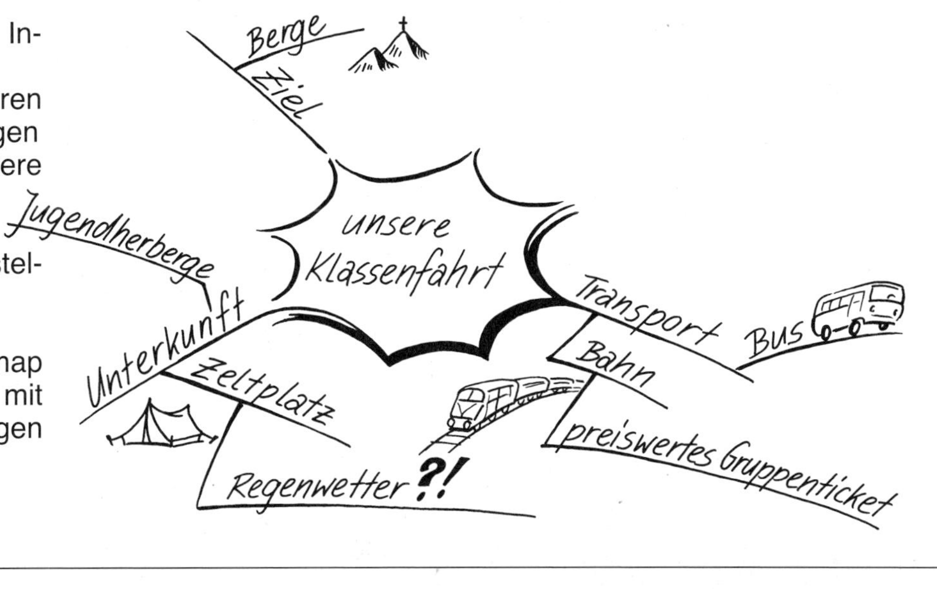

OKTOPUS Lernen mit Methode, ISBN 3-623-20700-4

Mind your map, please!

Deine erste Mindmap ist dir gut gelungen. Stellst du dich der nächsten Herausforderung? Dann los!
Im Text auf dieser Seite erfährst du etwas über die großen Rinderweiden in Nordaustralien und über die Arbeit der australischen Cowboys, den „Stockmen".

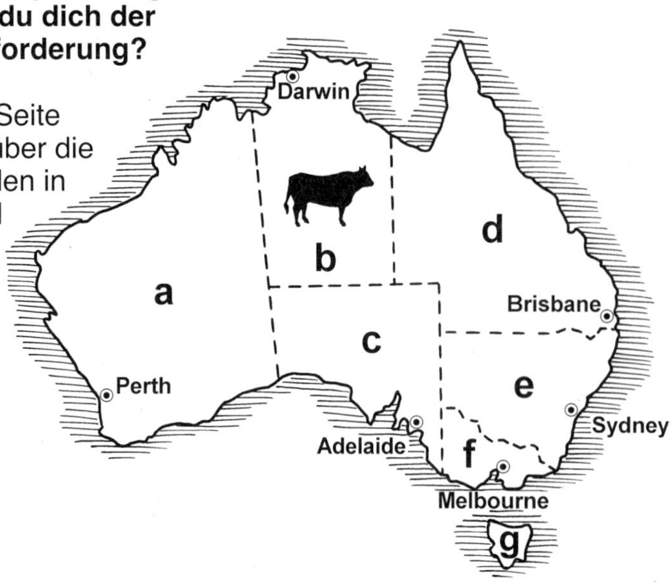

Bestimme die sieben Bundesstaaten Australiens.

a ______________________

b ______________________

c ______________________

d ______________________

e ______________________

f ______________________

g ______________________

Wandle den Text in ein Mindmap um. Die fett gedruckten Wörter können die Hauptäste sein. Suche im Text alle Informationen, die zu den Hauptästen passen und schreibe sie auf die Nebenäste.

Leben auf der Rinderfarm „Newcastle Waters"

Seit zwei Wochen leben Jimmy und Rob auf der Rinderfarm „Newcastle Waters". Sie liegt im Norden Australiens. Westlich des Stuart Highway erstrecken sich die **Rinderweiden** dieser Farm über eine Breite von etwa 100 Kilometern und eine Länge von etwa 200 Kilometern. Diese Ranch ist so groß wie das Bundesland Rheinland-Pfalz.
Jimmy und Rob sind auf „Newcastle Waters" zur Zeit als **„Stockmen"** beschäftigt. In Nordamerika würde man sie „Cowboys" nennen. Ob zu Pferd, im Jeep, auf dem Motorrad oder gar im Hubschrauber, die Stockmen bewachen die freilebenden Rinder. Manche Tage sind hier im Nordterritorium so entsetzlich heiß und trocken, dass die Reiter an den ungeheuren Staubwolken fast ersticken. Zum Glück gibt es auch in der trockenen Zeit genügend **Wasser**. Es sind meist künstliche Wasserstellen, an denen die Rinder trinken. Ein Wasserbecken ist 2 Meter hoch und reicht 3 Meter tief in die Erde. Tagsüber pumpt ein Dieselmotor Wasser aus der Tiefe des ausgetrockneten Bodens herauf. An einer langen Trinkrinne aus Blech stillt das Weidevieh seinen Durst.
Jimmy und Rob wissen nach wenigen Tagen längst, was es bedeutet, wenn die Viehhüter hier draußen von der „Never-Never" (Niemals-Niemals) sprechen. Der merkwürdige Name bezeichnet die grenzenlosen, menschenleeren Wüsten und Steppen im australischen **Outback**, dem Landesinneren des Kontinents. Hier und da, oft Hunderte von Kilometern getrennt, liegen einsame **Rinderfarmen**, „Stations" genannt. Die Rinderzucht ist aber nur dort möglich, wo der Boden auch in der Trockenzeit Wasser spendet. Der nächste Nachbar von „Newcastle Waters" wohnt 300 Kilometer weiter westlich. Bald werden jedoch die **„Drover"**, die Treiber, auf „Newcastle Waters" eintreffen.
„Drover" sind wildniserfahrene Männer, die gegen Ende der trockenen Zeit die Rinderherden von den Weiden zu den Gattern der Verladestationen treiben.

Diesen Text findest du ungekürzt im Oktopusheft „Bullenstaub und Rinderzüge" S. 4/5

OKTOPUS Lernen mit Methode, ISBN 3-623-20700-4

Mindmapping – dabei hilft es dir auch.

Auf eine Klassenarbeit/einen Test vorbereiten

Du musst dich in Erdkunde oder einem anderen Fach auf einen Test vorbereiten.

- ❑ Thema in die Mitte.
- ❑ Auf die Haupt- und Nebenäste schreibst du alles, was du noch zum Thema weißt.
- ❑ Jetzt schaust du im Erdkundebuch und in deinem Heft nach, ob du etwas vergessen hast.
- ❑ Du ergänzt das, was du vergessen hattest. Am besten in einer anderen Farbe, damit du weißt, was du dir noch einmal genauer anschauen musst.
- ❑ Am Tag vor dem Test gehst du jeden Haupt- und Nebenast deiner Mindmap noch einmal durch. Kannst du zu jedem Stichwort etwas sagen?

Einen Aufsatz/ein Referat schreiben

Du musst einen Aufsatz/ein Referat schreiben.

- ❑ Thema in die Mitte.
- ❑ Schreibe alles, was dir einfällt, auf die Haupt- und Nebenäste.
- ❑ Verwende unterschiedliche Farben und male oder klebe Bilder dazu.
- ❑ Suche Informationen im Internet oder in Büchern – ergänze deine Äste.
- ❑ Jetzt legst du fest, was in die Einleitung, was in den Hauptteil und was in den Schlussteil kommt.

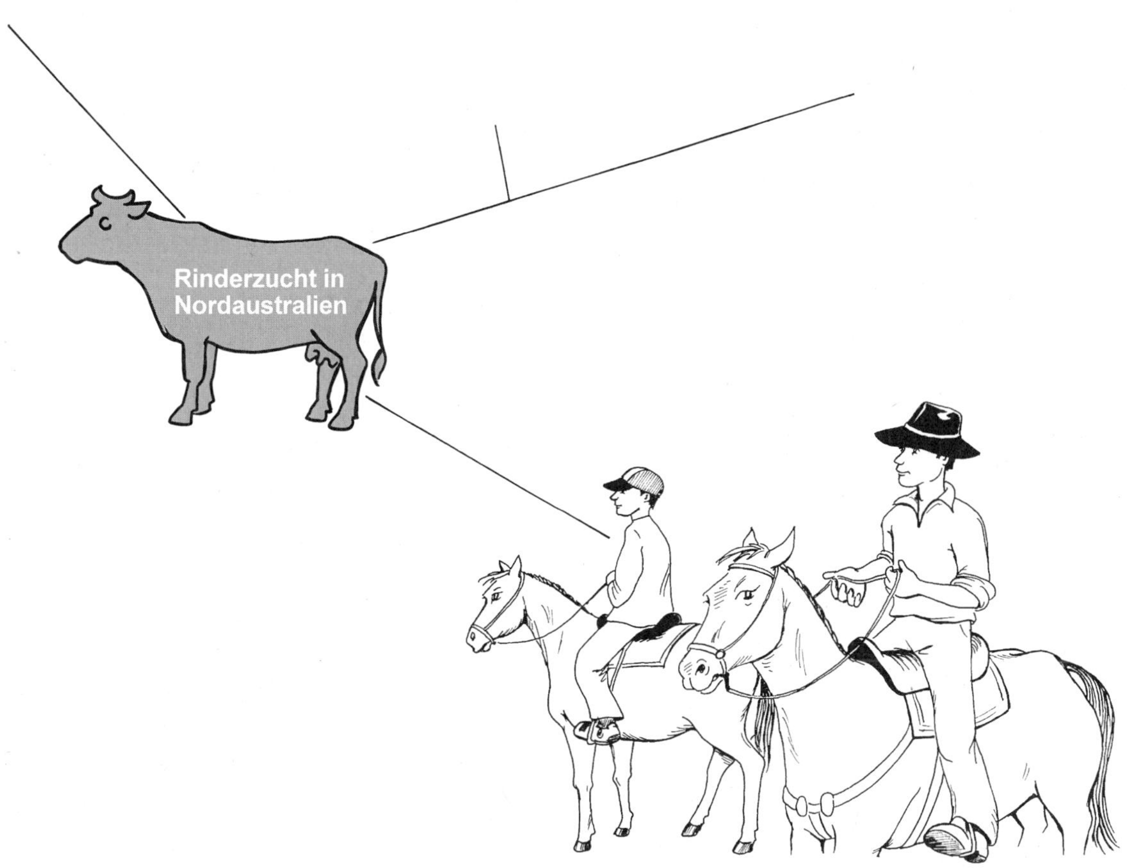

Bilde noch weitere Hauptäste und suche zusätzliche Informationen zu Australien.

OKTOPUS Lernen mit Methode, ISBN 3-623-20700-4

Wir beschaffen uns Informationen über ein Land (Teil 1)

Land unter der Lupe

Welche Arbeitsschritte sind wichtig? Kannst du hier Ordnung hinein bringen?

1. Schritt ______________________

2. Schritt ______________________

3. Schritt ______________________

4. Schritt ______________________

5. Schritt ______________________

1. Schritt: Land bestimmen/auswählen
Weißt du, wo Spiros Imyglikos lebt?
Klar doch, in G ________________

Es gibt 45 Länder in Europa. In Erdkunde oder in Englisch hast du sicher schon einige von ihnen behandelt. Auf den folgenden Seiten sollst du selbstständig dieses Land untersuchen.

OKTOPUS Lernen mit Methode, ISBN 3-623-20700-4

2. Schritt: Vorhandenes Wissen bereitstellen und nach Themen ordnen

Brainstorming
Was weißt du über Griechenland?
Schreibe hier alles, was dir einfällt, ungeordnet auf!

Thema:

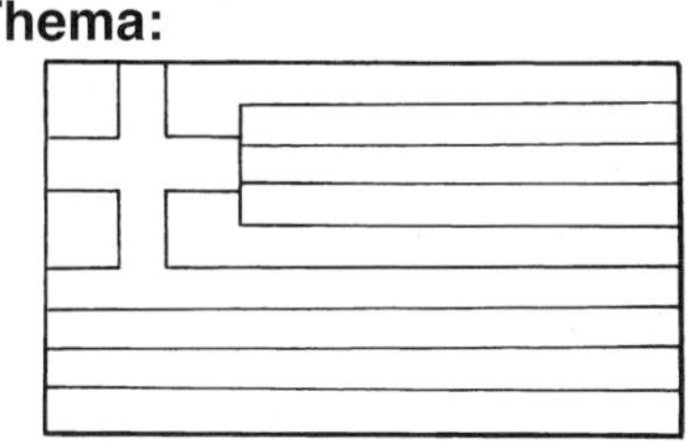

Hauptäste
Naturraum – Pflanzen und Tierwelt – Bevölkerung und Besiedlung – Wirtschaft – Verkehr – Geschichte und Politik – Kultur

Nebenäste
Religion, Vögel, Sprache, Feste, Musik, Architektur, politische Verhältnisse, geschichtliche Entwicklung, Kraftfahrzeug-, Eisenbahn-, Luft- und Schiffsverkehr, Landwirtschaft, Industrie, Bergbau, Tourismus, Einwohnerzahl, Städte, Klima, Bevölkerungsdichte, Gebirge, Bevölkerungsverteilung, typische Pflanzen und Nutzpflanzen, Anbauprodukte, Säugetiere, Reptilien, Meerestiere, Inseln, Oberflächenform, Gewässer, Landschaften

Ergänze in der Mindmap zu Griechenland die Hauptäste, ordne diesen dann die passenden Begriffe (Nebenäste) zu.

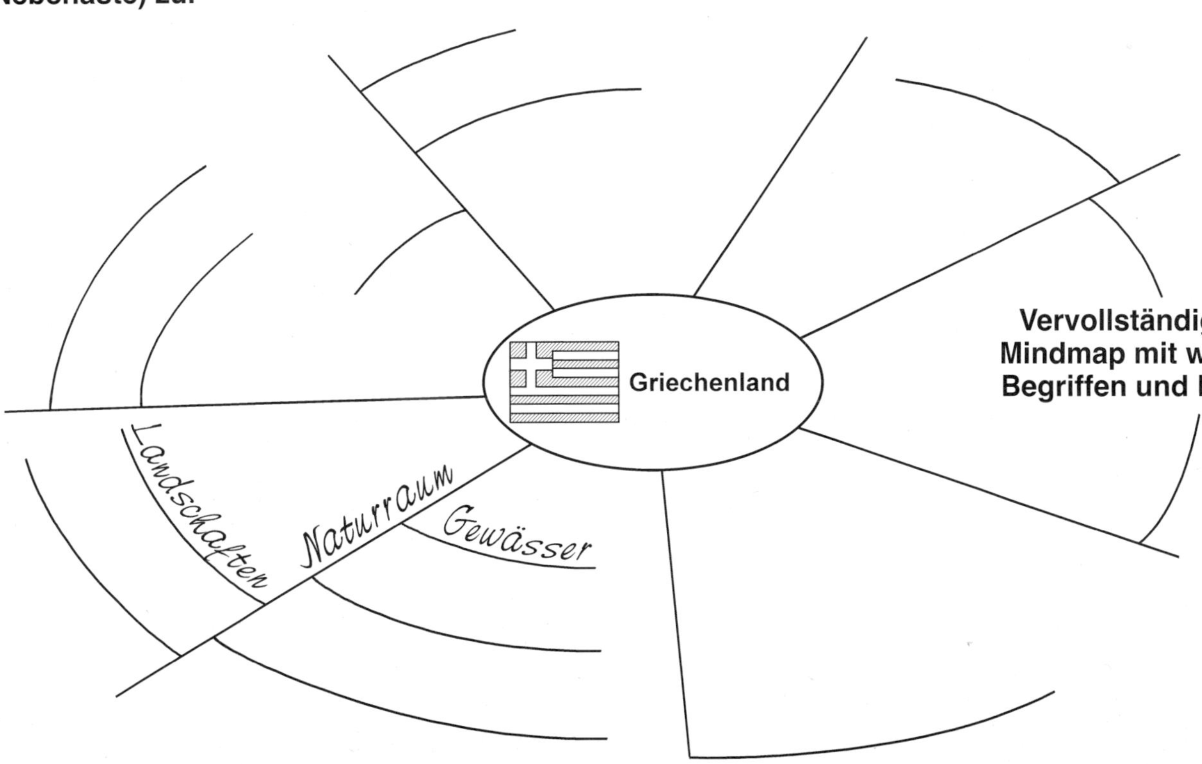

Vervollständige die Mindmap mit weiteren Begriffen und Namen.

OKTOPUS Lernen mit Methode, ISBN 3-623-20700-4

Wir beschaffen uns Informationen über ein Land (Teil 2)

3. Schritt: Jetzt geht die Arbeit erst so richtig los, denn wir fragen uns, wo wir überall Informationen zu Griechenland herbekommen können.

Welche Informationsquellen sind hier abgebildet? Notiere diese: ______________________

____

____

Welche fallen dir noch ein?

____

____

____

Informationsbeschaffung zum Thema Griechenland (Ελλαδα)

1. Besuche doch zuerst einmal die

Tipp:
Die Bücher sind nach Fachbereichen geordnet. Für dich sind die **Sachbücher** interessant.

Helfen können dir auch der **Stichwortkatalog**, der **Autorenkatalog** oder der **Titelkatalog**.

❑ Im **Autorenkatalog** sind die Bücher alphabetisch nach den Nachnamen der Autoren geordnet.

❑ Im **Titelkatalog** sind die Bücher alphabetisch nach ihren Titeln geordnet.

❑ Im **Stichwortkatalog** sind die Bücher nach ihrem Inhalt geordnet.

Suche Informationen zu Griechenland.

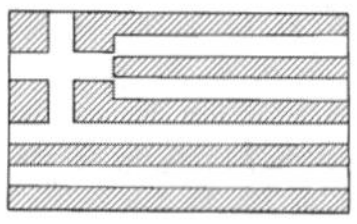

Folgende **Sachbücher** gibt es – kreuze an, welche für dich in Frage kommen:

❍ Technik ❍ Sport
❍ Haustiere ❍ Musik
❍ Umwelt ❍ Länderkunde

Karpodini-Dimitriadi. E.:
Die griechischen Inseln –
Ein Reisebegleiter zu den griechischen Inseln/Athen 1998

Unter dem Stichwort „Griechenland" findest du alle Bücher zu diesem Thema.

2. Informationen über ein Land erhält man auch bei der jeweiligen Botschaft.

Schreibe ein paar Zeilen oder telefon

3. In Zeitschriften und Reiseführern findest du auch interessante und aktuelle Berichte.

4. Auch im Internet kannst du nachschauen. Schaue dir die Seiten ... an, damit du weißt, wie es geht.

5. In Reisebüros erhält man bebilderte Prospekte mit interessanten Informationen.

OKTOPUS Lernen mit Methode, ISBN 3-623-20700-4

Alpha, beta, gamma: So beginnt das griechische Alphabet. Mit den unten abgebildeten Buchstaben kannst du bestimmt die sieben Wörter übersetzen, die in griechischer Sprache zu lesen sind.

ΣΑΛΟΝΙΚΙ

ΠΕΛΟΠΟΝΝΕΣ

ΠΙΝΔΟΣ–ΓΕΒΙΡΓΕ

ΟΛΨΜΠ

ΠΑΤΡΑΣ

ΣΑΜΟΣ

ΑΚΡΟΠΟΛΙΣ

Hier ist die Adresse des griechischen Generalkonsulats

Griech. Generalkonsulat
Wittenbergplatz 3a
10789 Berlin
Tel. 030/2137033/34 – Fax 2182663

Vielleicht gibt es auch eins in deiner Nähe. Schau dir die Städteliste an. Dortmund, Düsseldorf, Frankfurt, Hamburg, Hannover, Köln, Leipzig, München, Nürnberg, Stuttgart und Würzburg.

nd bitte um Informationsmaterial.

Informiere dich in der Buchhandlung, welche speziellen Zeitschriften und Reiseführer es für deine Informationssammlung gibt. Besorge dir Zeitschriftenartikel über Griechenland.

Wähle eine Suchmaschine und gib den Suchbegriff **Länder und Europa** ein. Auch die folgende Homepage bietet interessante Informationen **www.Griechenlandinfos.de**

Vielleicht kennst du ein Reisebüro in deiner Nähe – frage dort nach entsprechendem Prospektmaterial.

4. Schritt: Material sichten, ordnen und auswerten

Sprich dich mit den Klassenkameraden ab, ob du alleine oder mit anderen arbeiten willst. Verschaffe dir einen Überblick über die gesammelten Informationen. Grenz das Thema ein und überlege, worüber du in einer Ausstellung den anderen etwas über Griechenland berichten willst.

Das griechische Alphabet (die deutschen Buchstaben entsprechen den Lautwerten)

Α α	Β β	Γ γ	Δ δ	Ε ε	Ζ ζ	Η η	Θ θ	Ι ι	Κ κ	Λ λ	Μ μ	Ν ν
a	v	j	th	ä	s	I	th	i	k	l	m	n

Ξ ξ	Ο ο	Π π	Ρ ρ	Σ σ	Τ τ	Υ υ	Φ φ	Χ χ	Ψ ψ	Ω ω
x	o	p	r	s	t	I	f	ch	ps	o

5. Schritt:
Ergebnisse präsentieren

 OKTOPUS Lernen mit Methode, ISBN 3-623-20700-4

Wir wwwerfen im Internet die Suchmaschine an (1)

Lost in Hyperspace

Das **world wide web (www)** ist vergleichbar mit der Straßenkarte einer Millionenstadt; für den Ortsunkundigen auf den ersten Blick verwirrend und chaotisch.
Hauptverkehrsstraßen durchziehen die gesamte Karte, Nebenstraßen kreuzen und führen in die entlegendsten Stadtteile. Hier kannst du dich verirren!
Damit du dich besser zurecht findest, ist die gesamte Karte in Planquadrate aufgeteilt. Auf der Suche nach einer bestimmten Straße **(Information)** wirst du im Straßenverzeichnis **(Suchmaschine)** auf ein bestimmtes Planquadrat **(Verzeichnis)** verwiesen. In diesem Planquadrat **(Verzeichnis)** musst du jetzt die gesuchte Straße **(Information)** finden.
Wie kommst du dorthin? Wählst du den direkten Weg? Leistest du dir Umwege **(Links)**, weil auf dem Weg interessante Sehenswürdigkeiten liegen?

! **Achtung:** Du kannst auch in einer Sackgasse landen – oder dich im Straßengewirr total verirren.

Bevor du im Internet auf Suche gehen kannst, lies dir die folgenden wichtigen Informationen genau durch!

http://www.name.de

- Steht für „Hypertext Transfer Protokoll". Dieses Protokoll legt die Art der Datenübertragung fest. Bei verkürzter Adresse kann man diese Buchstaben weglassen.
- **w**orld **w**ide **w**eb (Netz)
- Name des Anbieters; dieser Name wird im WWW nur einmal vergeben!
- Kennzeichnung für den Staat – in diesem Fall Deutschland

Suchmaschinen – Detektive im Internet

Schreibe die Adressen richtig auf!

DINO ONLINE **http://www.dino-online.de**	WEB.DE
FIREBALL	LYCOS
ABACHO Die schnelle Suchmaschine!! www.abacho.de	YAHOO!

Kleines Internet-Lexikon

Browser
Programm, mit dem man die Informationen aus dem Internet lesen kann

Chat
Direkter Austausch mit Anderen, die auch online sind

Download
Informationen werden aus dem Web auf den eigenen Rechner geladen

Homepage
Startseite eines Anbieters im Internet

html
Sprache, die im Internet verwendet wird – **H**yper**t**ext **M**arkup **L**anguage

Internet
Weltweiter Zusammenschluss verschiedener Datennetze mit ihren verschiedenen Möglichkeiten, z. B. www, e-mail

Link
Querverweis innerhalb eines Textes auf andere Texte – mit der Maus über einen Text – Mauspfeil verwandelt sich in eine „Hand" und zeigt **Link** an – führt auf eine neue Seite

Offline-Arbeit
Der Rechner ist nicht mit dem Netz verbunden – spart Kosten

Online-Arbeit
Der Rechner ist mit dem Netz verbunden

Provider
Über einen Provider kommst du ins Internet – z. B. AOL, T-Online, ...

Suchmaschine
„Suchroboter" durchforsten das WWW und merken sich Stichwörter zu allen gefundenen Seiten. Gibt man ein Stichwort ein, werden alle Internetseiten gezeigt, die dazu passen.

Surfen
Das Suchen von Informationen im **WWW**

Upload
Daten werden vom eigenen Rechner auf einen anderen verschickt – e-mails

URL
Uniform Resource Locator – bezeichnet die vollständige web-Adresse eines Anbieters

Suche die Länder in der Europakarte und trage ihre Kurzzeichen ein.

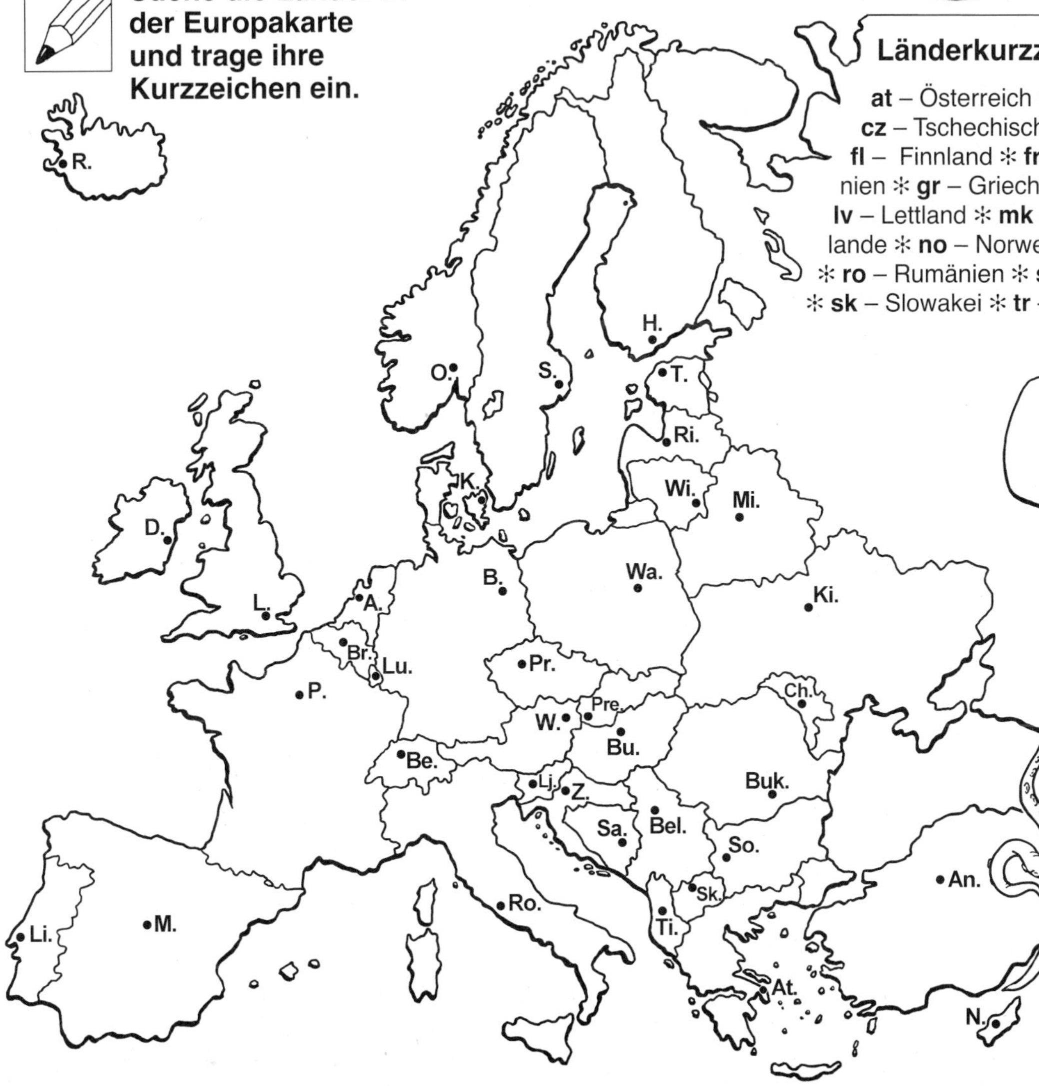

Länderkurzzeichen – hier eine Auswahl

at – Österreich ⁎ **be** – Belgien ⁎ **ch** – Schweiz ⁎ **cz** – Tschechische Republik ⁎ **dk** – Dänemark ⁎ **fl** – Finnland ⁎ **fr** – Frankreich ⁎ **gb** – Großbritannien ⁎ **gr** – Griechenland ⁎ **hr** – Kroatien ⁎ **lv** – Lettland ⁎ **mk** – Mazedonien ⁎ **nl** – Niederlande ⁎ **no** – Norwegen ⁎ **pl** – Polen ⁎ **pr** – Portugal ⁎ **ro** – Rumänien ⁎ **se** – Schweden ⁎ **sl** – Slowenien ⁎ **sk** – Slowakei ⁎ **tr** – Türkei ⁎ **ua** – Ukraine

OKTOPUS Lernen mit Methode, ISBN 3-623-20700-4

Wir wwwerfen im Internet die Suchmaschine an (2)

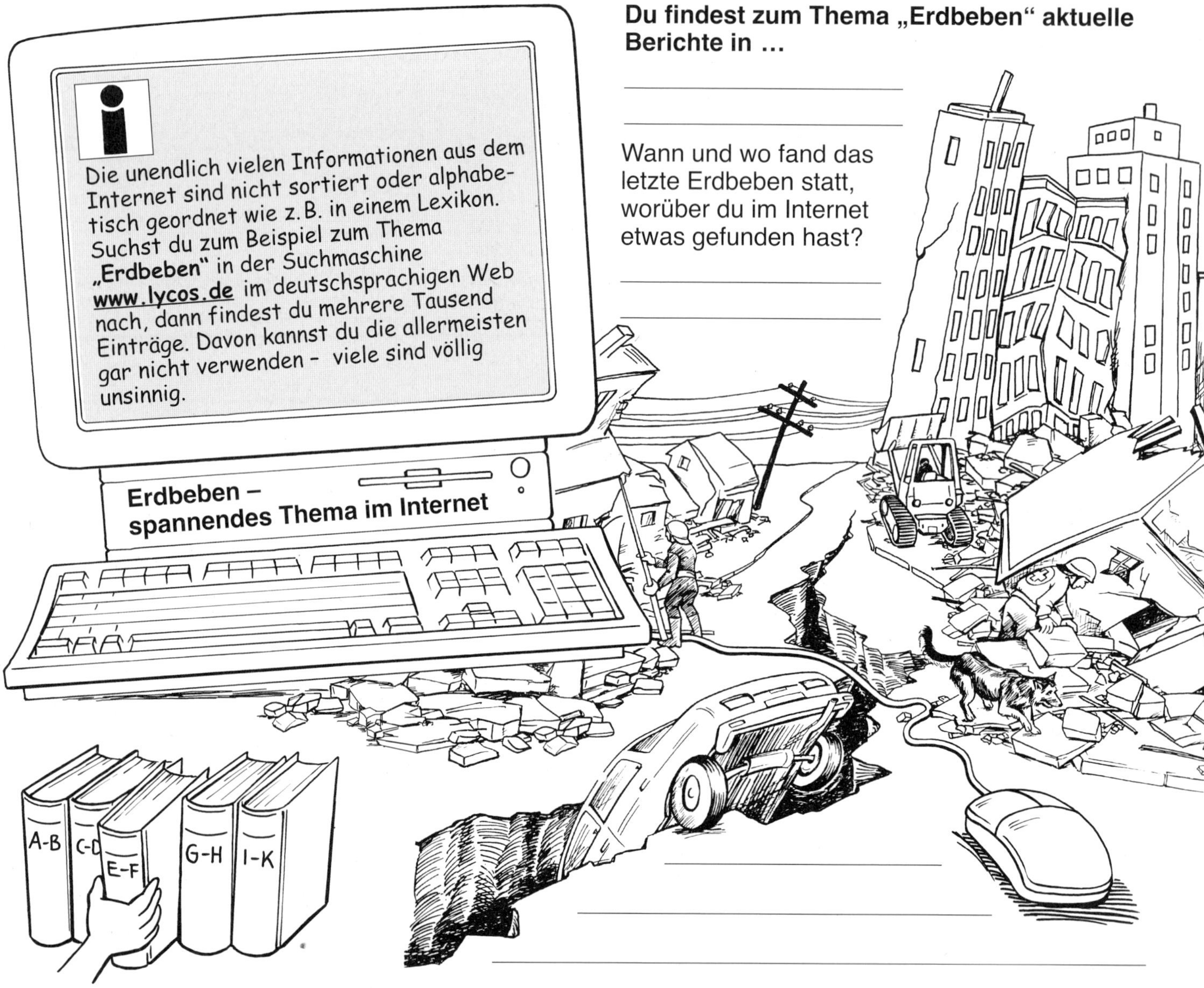

Du findest zum Thema „Erdbeben“ aktuelle Berichte in …

Wann und wo fand das letzte Erdbeben statt, worüber du im Internet etwas gefunden hast?

Worüber berichtet das Lexikon zum Thema Erdbeben?
Prüfe nach, wie alt das Lexikon ist.

Die Einträge im Internet ändern sich fast stündlich. Am 27. 06. 2002 waren es 126 595 Einträge!

Schreibe auf, wie viele Einträge es am heutigen Tag sowie an zwei späteren Tagen gibt.

www.lycos.de Suchbegriff „Erdbeben“

Datum	Einträge im deutschsprachigen Raum

1, 2, 3 – mit diesen Fragen bist du dabei!

Was suchst du?	Wie heißt das Thema?
Wo suchst du?	Wähle die geeignete Suchmaschine – denn eine einzige Suchmaschine für alle Fälle gibt es nicht. Die Liste auf Seite 21 hilft dir weiter.
Wie gehst du mit den gefundenen Informationen um?	Sind die Informationen für dein Thema geeignet? Unwichtiges und Überflüssiges wird aussortiert.

Dein Auftrag: Erstelle über eine Stadt in deinem Bundesland einen Steckbrief. Trage die Zahlen der Bundesländer in die Deutschlandkarte ein. Male das Bundesland, in dem deine Stadt liegt, rot aus.

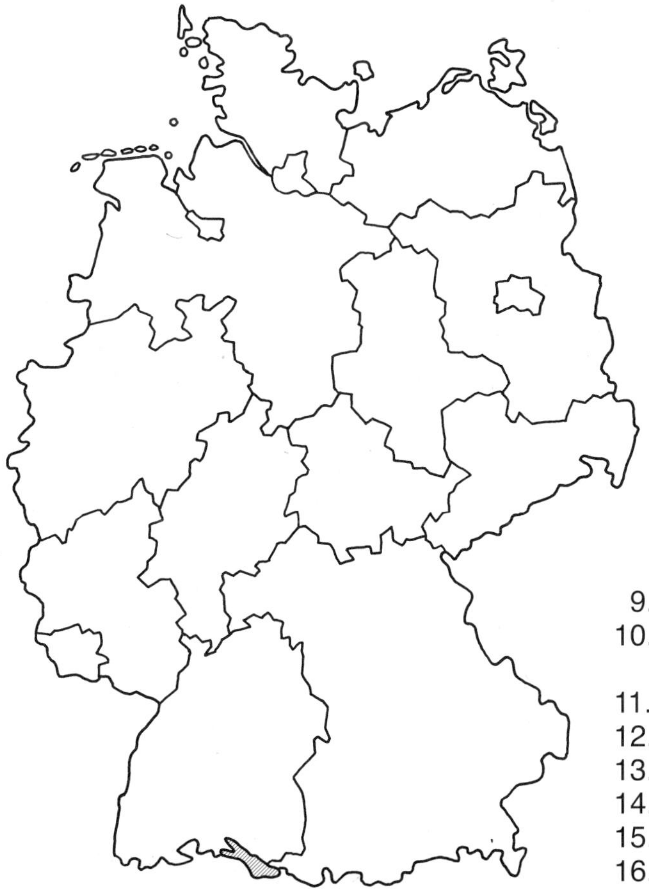

1. Baden-Württemberg
2. Bayern
3. Berlin
4. Brandenburg
5. Bremen
6. Hamburg
7. Hessen
8. Mecklenburg-Vorpommern
9. Niedersachsen
10. Nordrhein-Westfalen
11. Rheinland-Pfalz
12. Saarland
13. Sachsen
14. Sachsen-Anhalt
15. Schleswig-Holstein
16. Thüringen

Ergänze die Stichwortliste mit weiteren interessanten Stichwörtern

Stichwortliste
Stadtgeschichte
Sehenswürdigkeiten
Stadtplan

OKTOPUS Lernen mit Methode, ISBN 3-623-20700-4

Wir wwwerfen im Internet die Suchmaschine an (3)

Jetzt kannst du endlich deinen Computer einschalten.

Deine Aufgabe lautet:
Suche eine Stadt in deinem Bundesland und erstelle zu dieser einen Steckbrief.

Mit der „Suchmaschine“ **lycos** machen wir uns auf die Städtesuche.
In 1, 2, 3 Schritten gelangst du an dein Ziel.
Viel Spaß und Erfolg! Pass aber auf, dass du nicht vom Weg abkommst!

Diese Suchbegiffe könntest du eingeben:

Achte bei der Eingabe der Suchbegriffe auf:
- die Rechtschreibung
- Groß- oder Kleinschreibung ist egal
- zwei Suchbegriffe mit „und“ bzw. „oder“ verbinden

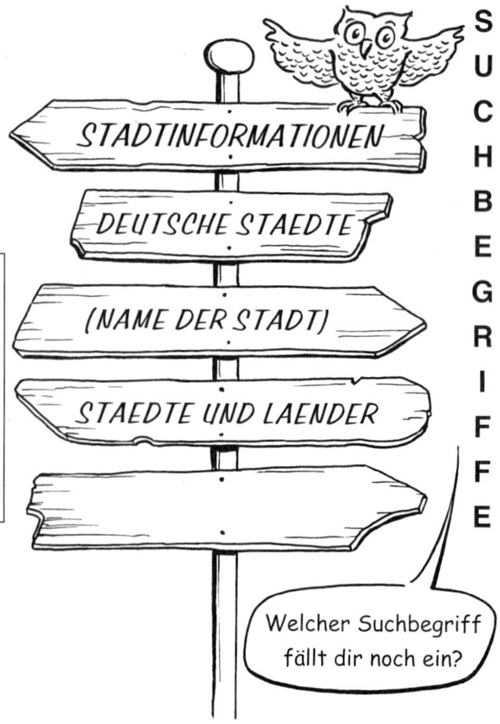

Du wählst die Suchmaschine z. B. http://www.lycos/de/ und den Suchbegriff Deutsche Städte

Du erhältst als Suchergebnis insgesamt **456 919** Treffer im deutschsprachigen Raum: Die ersten 10 Treffer werden dir sofort angezeigt. Das heißt aber nicht, dass das die besten und geeignetsten für dich sind. Die Reihenfolge besagt nur, dass die ersten Treffer von den Internetbesuchern am häufigsten ausgewählt wurden.

Der für deine Aufgabe geeignete Beitrag

Bis hierher war es gar nicht so schwer!
Wenn du eine Information gefunden hast, schreibe dir die Internetadresse mit dem genauen Datum auf, oder lege sie als „Lesezeichen“ (Bookmark) ab, denn die Informationen im Internet werden fast täglich verändert. Es wäre schade, wenn deine Infos verloren gehen.

Klickst du diese Adresse an, erhältst du die folgende Übersicht und du musst das Bundesland auswählen, in dem die von dir ausgewählte Stadt liegt.

(Abfragedatum 27.06. 2002)

Meine Stadt – da ist ganz Deutschland drin!
Großes Linkverzeichnis mit regionaler Strukturierung für ganz Deutschland. http://www.meinestadt.de/

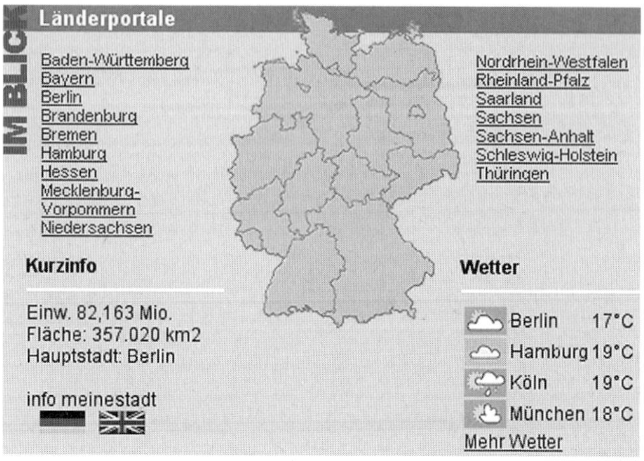

OKTOPUS Lernen mit Methode, ISBN 3-623-20700-4

Du erhältst eine Übersicht des ausgewählten Bundeslandes mit einer Liste der Landkreise und der Stadtkreise. Suche die von dir ausgewählte Stadt und klicke sie an.

Suchmaschinen

www.web.de
www.yahoo.de
www.fireball.de
www.lotse.de
www.aladin.de
www.allesklar.de
www.exite.de
www.altavista.de
www.google.de
www.eule.de
www.spider.de
www.crawler.de
www.kolibri.de
www.bellnet.de
www.blindekuh.de

Hier kannst du noch mehr Adressen aufschreiben

___

___

___

___

Drucke die Homepage deiner ausgewählten Stadt aus.

Lösung und Auswertung – Profitest –

	stimmt	stimmt nicht
1.	🔑	
2.	🔑	
3.		🔑
4.		🔑
5.	🔑	
6.		🔑
7.		🔑
8.	🔑	

6–8 Schlüssel: Wow, so viele Schlüssel. Du bist wirklich ein Lernexperte.

3–5 Schlüssel: Super! Du hast schon viele Schlüssel gesammelt. Übe noch etwas, dann wirst du bald ein Lernexperte.

0–2 Schlüssel: Schade – wenn du noch etwas übst, klappt es beim nächsten Mal besser. Dann wirst du vielleicht bald auch ein Lernexperte.

Schneide dieses Lern-Lesezeichen aus und klebe es auf Tonpapier. Damit sollst du dir die Schritte zur Textauswertung (siehe S. 5) einprägen und ausführen.

Bei diesem Lernspiel kannst du unter Beweis stellen, dass du zum Lernexperten geworden bist. Erfinde die Spielregeln für das Würfelspiel.
Folgende Fragen helfen dir:

- ❑ Wieviele Spieler können mitspielen?
- ❑ Wer fängt an?
- ❑ Dürfen mehrere Spieler auf einem Spielfeld stehen?
- ❑ Was passiert, wenn ein Spieler die Frage auf einer Ereigniskarte nicht beantworten kann?
- ❑ Wer hat gewonnen?
- ❑ ...

Das Lernschlüsselspiel

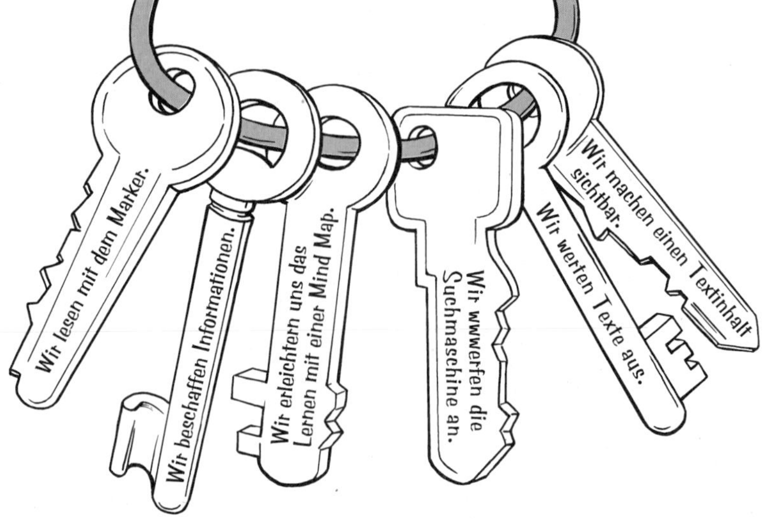

Du hast:	Du brauchst noch:
1 Spielfeld 21 Ereigniskarten 3 Joker	1 Würfel Spielsteine

OKTOPUS Lernen mit Methode, ISBN 3-623-20700-4

OKTOPUS Lernen mit Methode, ISBN 3-623-20700-4

Schneide diese Ereigniskarten aus. Klebe sie auf Tonpapier und lege sie zum Spielen auf die jeweiligen Ereignisfelder. Ihr könnt euch noch weitere Fragekärtchen selbst herstellen.

1 Wir lesen mit dem Marker!

Erkläre, was damit gemeint ist!

2 Nenne die sieben Regeln der Textauswertung!
Du darfst im Heft nachschauen.

3 Wie kannst du einen Text sichtbar machen?

4 Wie kann man eine Mindmap noch nennen?
Mindestens zwei Möglichkeiten

5 Weißt du, wer Mindmapping erfunden hat?

a) **Albert Einstein**
b) **Tom Buzan**
c) **Tony Blair**

6 Bei einer Mindmap stehen die Hauptgedanken auf welchen Ästen?
a) **Zwischenästen**
b) **Hauptästen**
c) **Steigästen**

7 Was ist richtig? Mindmapping eignet sich besonders, um die Gedanken …
a) **zu ordnen**
b) **zu verwirren**
c) **zu notieren**

8 Mit welchem Bild kann man ein Mindmap vergleichen?
a) **Baum**
b) **Sonne**
c) **Fluss**

9 Ergänze:
Wir behalten nur 10 % von dem, was wir lesen, aber 90 % von dem, was wir selbst

?

10 Bringe in die richtige Reihenfolge:
- **Ergebnisse präsentieren**
- **Info-Quellen suchen**
- **Material sammeln und ordnen**
- **Was willst du wissen?**
- **Thema wählen**

11 Wenn du in einer Bücherei zu einem Thema Bücher suchst, helfen dir
a) **……katalog**
b) **……katalog**
c) **……katalog**

12 Griechenland ist ein Land in …

a) **Südost-Europa**
b) **Nordost-Europa**
c) **Vorder-Asien**

13 Wenn du dich für ein bestimmtes Land interessierst, bekommst du Informationen in/von …
Nenne drei Möglichkeiten

14 Nenne mindestens drei Suchmaschinen!

15 Im Internet nennt man die Querverweise in einem Text auf andere Texte …
a) **links**
b) **mails**
c) **quarks**

16 Was machst du davon am liebsten?
a) **surfen**
b) **chatten**
c) **mailen**

Erkläre!

17 Damit du dich im Internet nicht im Informationsgewirr verlierst, beachte folgende Fragen:
a) **W…?**
b) **W…?**
c) **W…?**

18 Was stimmt an dieser Internetadresse nicht?

http//www.intel.uk

19 In welchem Land findest du diesen Anbieter:

www.simpsons.li

20 Die ……………
……………………
……… helfen dir, einen Text besser zu verstehen.

21 Was bedeutet dieses Bildzeichen?

22

JOKER

23

JOKER

24

JOKER

4
3
2
1
8
7
6
5
12
11
10
9
16
15
14
13
20
19
18
17
24
23
22
21

Lösungen der Aufgaben

Liebe Kollegin, lieber Kollege,
häufig fällt es Schülern schwer, eine wichtige Information in einem Text zu erkennen oder Wichtiges von Unwichtigem zu unterscheiden. In diesem Heft bekommen Schülerinnen und Schüler zu folgenden Fragen Antworten:

Wo finde ich zu bestimmten Themen Informationen?
Was ist wichtig?
Wie gehe ich mit den gefundenen Informationen um?

S. 2 Ich lese mit dem Marker

Wenn Sie Ihren Schülern den Auftrag geben, in einem Text das Wichtigste zu unterstreichen, werden Sie bald feststellen, dass Ihre Schüler nicht wissen was wichtig ist und deshalb fast alles unterstreichen.
Das Trainingsprogramm auf dieser Seite führt in kleinen Schritten dazu, Wichtiges von Unwichtigem zu unterscheiden.

Unterrichtspraktische Hinweise
Den ersten Schritt bearbeiten Ihre Schüler in Einzelarbeit und markieren in der Wörterliste die Schlüsselwörter (Informationsträger) – absturzgefährliches Gebiet steinschlaggefährdetes Gelände – Rutschgefahr – Schnee und Eis – bewachsene Steine – Nässe – Sonnenbrand – Hitzschlag – die zur vorangestellten Schlüsselfrage: „Mit welchen Gefahren muss man rechnen, wenn man mit Kindern eine Tour im Gebirge macht?" passen. Danach vergleichen die Schüler in Partnerarbeit die markierten Wörter miteinander und begründen ihre Auswahl.
Im zweiten Schritt tauchen alle Wörter aus der Wörterliste als Text auf. Die Schüler suchen jetzt die Schlüsselwörter im Text und markieren sie ebenfalls.
Ihre Schüler werden entdecken, dass man in einem Text nicht alle Wörter unterstreichen muss – oder, zu, bei, alle, etc. sind keine Informationsträger, also für die Informationsentnahme nicht wichtig.

Tipps zur Weiterarbeit
Gestalten Sie ein weiteres Trainingsprogramm, indem Sie einen anderen Text oder Textabschnitt genauso aufbereiten wie auf dieser Seite. Die vorgegebene Wortliste entspricht der ausgewählten Textvorlage – Wortbausteine werden gemixt und als Wortliste aufgeschrieben.
Diese Seite bietet auch topographische Übungsmöglichkeiten:

1. Arbeit mit dem Atlas und einer Wanderkarte:
- Wie komme ich am schnellsten von meinem Heimatort nach Oberstdorf? Mit dem Auto oder mit dem Zug? Welche Strecke sollte ich nehmen?
- Suche auf der Wanderkarte den Weg von Oberstdorf zur Kemptner Hütte!
- Gibt es noch andere Hütten? Suche und nenne sie.

2. Informationssuche im Internet
- Suche im Internet weitere Informationen zu Oberstdorf und den anderen Hütten
- Gehe auf die Homepage des Alpenvereins und informiere dich.

S. 3 Von Schlüsselfragen und Schlüsselwörtern

Dem zu bearbeitendem Text wird keine Wörterliste mehr vorangestellt, denn die Schüler sollen nun ihr Wissen anwenden. Beim ersten Lesen oder auch in einem zweiten Durchgang werden die Schlüsselfragen den entsprechenden Textabschnitten zugeordnet und die wichtigen Wörter markiert. Es ergibt sich ein Erzählgerüst oder eine Vorlage für ein schriftliches Exzerpt, bzw. einen Zeitungsbericht.

Lösung/Lösungsvorschlag:

1. **Abschnitt:** Warum kamen die Jugendlichen nicht mehr aus der Höhle raus?
   Schlecht ausgerüstet – unerfahren – starke Regenfälle – plötzlicher Wasseranstieg – Hochwasser
2. **Abschnitt:** Welche Maßnahmen erleichtern die Rettung?
   Sprengstoff – Zugang zur Höhle vergrößert – Wasser abpumpen – Spezialgeräte – Pegelstand – abzusenken
3. **Abschnitt:** Wo und womit hat man die Jugendlichen notdürftig versorgt?
   Seitenhöhle – trockener Kleidung – Lebensmitteln – warme Getränke
4. **Abschnitt:** Was passierte am dritten Tag?
   Höhlendrama – glückliches Ende – medizinische Notstation – ärztlich versorgt

S. 4/5 Wir werten Texte aus

Sieben Regeln zur Textauswertung
Nach den Vorübungen auf den Seiten 2 und 3 sollen die Schüler die sieben Regeln zur Textauswertung kennen lernen und anwenden. Der ausgewählte Text ist bewusst kurz und einfach gehalten damit die ersten Versuche auch erfolgreich sind.
Jeder Schritt zur Textauswertung wird anschließend sprachlich reduziert und mit einem Symbol kombiniert, um die Merkfähigkeit zu steigern. Im Ausschneidebogen finden Sie ein Lesezeichen für Ihre Schüler, das zur Erinnerung nur noch die Symbole enthält. Ihre Schüler sollen diese Vorlage als Lesezeichen benutzen.

Unterrichtspraktische Hinweise
Symbole vergrößern – ausschneiden – von Schülern in die richtige Reihenfolge bringen lassen – Bedeutung der Symbole formulieren lassen – im Klassenzimmer aufhängen – immer wieder darauf verweisen – anwenden!

Tipps zur Weiterarbeit
Hier finden Sie einen weiteren Übungstext, der etwas anspruchsvoller und länger ist. Ihre Schüler sollten nach Bearbeitung der 5. Regel zur Textauswertung in Partnerarbeit die markierten Schlüsselwörter miteinander vergleichen und ihre Auswahl begründen!

Task Force Erdbeben – dem Erdbeben auf der Spur

Nach dem großen Erdbeben in der Türkei im August 1999 reisten Geologen vom Geoforschungszentrum Potsdam (GFZ) in das Katastrophengebiet. Ihr Auftrag lautete, Daten zu sammeln, um künftig Erdbeben besser vorhersagen zu können.
Für die Mitarbeiter der Task Force Erdbeben kam das Beben nicht überraschend, denn in Anatolien rechnet man alle 15 bis 20 Jahre mit einem starken Beben.
Das Gebiet südlich des Schwarzen Meeres ist besonders erdbebengefährdet. Das Epizentrum im August 1999 lag rund 80 km südöstlich von Istanbul. In der Gegend um das Marmarameer leben mehr als 20 Millionen Menschen.
Als sich Boden unter der Stadt Izmit um ca. einen Meter nach Westen verschob, stürzten die meisten der sechs- bis achtstöckigen Hochhäuser ein und begruben ihre Bewohner unter sich.
Die Erdbebenforscher der Task Force Erdbeben sind ständig auf Spurensuche und leisten detektivische Arbeit. Sie überwachen unter anderem 25 Erdbebenmessstationen in der Türkei. In diesen Messstationen stehen Seismographen, die jede Bewegung der Erdkruste registrieren und aufzeichnen. Auch aus der Erdumlaufbahn kommt Hilfe: Satelliten beobachten die Erdoberfläche und melden sofort, wenn sie eine Veränderung registrieren.
Den Zustand der Erdkruste kann man auch aus dem Grundwasser ablesen: wenn es im Erdinnern rumpelt, entstehen feine Risse im Gestein. Durch diese Risse steigt Wasser, so genanntes Tiefenwasser auf und vermischt sich mit dem Grundwasser. Wissenschaftler untersuchen in regelmäßigen Abständen das Grundwasser in erdbebengefährdeten Gebieten. Wenn es sich mit Tiefenwasser vermischt hat, können sie das sofort feststellen und Alarm schlagen.
Obwohl die Task Force so viele Hinweise sammelt, kann sie ein Erdbeben immer noch nicht genau vorhersagen.
Zukünftig will die Task Force sofort Alarm auslösen, wenn es unter der Erdoberfläche ruckelt. Die Bewohner des gefährdeten Gebietes hätten dann Zeit, um ihre Häuser zu verlassen, Brücken zu sperren, Züge anzuhalten und Gasleitungen zu verriegeln.
Solche Frühwarnsysteme gibt es schon in Japan und an der Westküste Nordamerikas. Um die Menschen in Anatolien besser zu schützen, wird die Task Force auch in der Gegend von Istanbul ein Frühwarnsystem errichten.

An die Textauswertung kann sich noch eine topographische Übung anschließen – auf einer physischen Karte die Erdbebengebiete lokalisieren.

Unterrichtspraktische Hinweise

1. Schreibe die Überschriften der Abschnitte und die Schlüsselwörter auf einzelne Karten. Eine andere Schülergruppe muss die passenden Schlüsselwörter den entsprechenden Überschriften zuordnen.
2. Schreibe die Schlüsselwörter auf Karten und ordne sie in der richtigen Reihenfolge. Jetzt kannst du deinen Mitschülern einen kleinen Vortrag halten.

S. 6 Wir machen einen Textinhalt sichtbar

Um einen Textinhalt zu verstehen, müssen die Schüler beim Lesen eine innere Vorstellung entwickeln. Unterstützt wird diese Vorstellungsfähigkeit, indem man den Inhalt eines Textes in Handlung umsetzt oder ihn visualisiert – der Textinhalt wird sichtbar gemacht.
Der bearbeitete Text „Galtür" von Seite 4 wird visualisiert/strukturiert, indem die gefundenen Schlüsselwörter Oberbegriffen zugeordnet werden:

- **Naturkatastrophe**
  Lawine
  2700 Meter Höhe
  200 bis 250 km/h
- **Zerstörungen**
  zerstörte Häuser
  31 Menschen
- **Schutzmaßnahmen**
  Lawinensperren aus Metall
  Schutzwälle
  Bunker

S. 7 Vom Wortbaukasten zum Gedankenschema

Ihre Schüler sollen in Einzelarbeit versuchen die beschrifteten Wortkarten in ein Gedankenschema zu bringen. Es werden sicher zwei bis drei unterschiedliche Schemata entstehen. Wichtig hierbei ist, dass Ihre Schüler einem Mitschüler das eigene Schema erläutern. Gleichzeitig wird über den Textinhalt gesprochen und er prägt sich besser ein. Weitere Informationen können das Schema ergänzen.

Unterrichtspraktische Hinweise

Schreiben Sie die Schlüsselwörter aus dem Übungstext „Task Force Erdbeben" auf Wortkarten und lassen Sie Ihre Schüler in Gruppenarbeit ein Gedankenschema entwickeln – für schwächere Schüler Oberbegriffe vorgeben und Schlüsselwörter zuordnen lassen – leistungsstärkere Schüler gestalten ihr eigenes Schema. Es wird interessant sein, die unterschiedlichen Schemata miteinander zu vergleichen. Diese Übung ist eine gute Vorbereitung für die Seiten 8 und 9.

S. 8 Gedankensturm – was fällt dir denn ein?

Brainstorming ist eine für Schüler besonders aktive Methode, Gedanken und Ideen zu einem gestellten Problem schnell und effektiv zu sammeln und zu strukturieren.

Unterrichtspraktische Hinweise

Das Thema/Problem wird benannt und mit farbiger Kreide an die Tafel geschrieben. Danach können alle wichtigen oder auch weniger wichtigen Gedanken/Ideen (am besten eignen sich Stichwörter)ungeordnet und ohne Kommentar gesammelt und ebenfalls an der Tafel festgehalten werden- es wird noch keine Wertung vorgenommen.

Nach dieser Sammelphase kommt es darauf an, die Einfälle zu ordnen und zu bewerten. Unser Beispiel „Klassenfahrt" bietet die Möglichkeit, nach den angeführten Schlüssel- oder Leitfragen zu ordnen, denn diese Fragen führen zu den strukturierenden Oberbegriffen. Ordnen heißt im ersten Schritt „bündeln", die Gedanken und Ideen den Oberbegriffen zuordnen. Die Schüler könnten z. B. in Gruppenarbeit das Chaos ordnen und auf ein Plakat schreiben. Jede Gruppe präsentiert ihre „geordneten" Gedanken und begründet die Zuordnung. Ihre Schüler haben sich jetzt eine gute Vorlage für eine Pro und Contra Diskussion erarbeitet.
Beim ersten Brainstorming empfiehlt es sich, die Strukturierungsphase gemeinsam mit den Schülern zu gestalten. Hier bietet sich an, die Gedanken/Ideen aus der Sammelphase auf Wortkarten zu schreiben und ungeordnet an die Tafel zu heften. Wenn die strukturierenden Oberbegriffe feststehen, müssen nur noch die Wortkarten entsprechend zugeordnet werden, z. B. in Tabellenform.
Die Methode Brainstorming eignet sich auch als Einstieg in ein neues Unterrichtsthema, um das Vorwissen Ihrer Schüler abzufragen oder um die Erwartungen an ein neues Thema festzuhalten – Ihre Schüler können an der Unterrichtsplanung beteiligt werden.
Brainstorming ist nicht zwangsläufig die Vorstufe zur Mindmap, sondern eine eigenständige Methode mit eigener Zielsetzung.

S. 9 Mindmapping – eine „Gedankenkarte" zeichnen

Das Ordnungsprinzip beim Mindmapping heißt, Gedanken und Ideen miteinander verknüpfen. Am Beispiel „Klassenfahrt" wird ihren Schülern verdeutlicht, wie eine Mindmap entsteht und wie sie gestaltet wird. Hier noch einmal die wichtigsten Gestaltungsmöglichkeiten:

- Blatt oder Plakat am besten quer legen
- gut leserlich schreiben, am besten in Druckbuchstaben
- für die Hauptäste und Nebenäste kann man auch unterschiedliche Farben verwenden
- mit Pfeilen oder anderen Symbolen kann man auch Wechselbeziehungen oder Zusammenhänge zwischen den Ästen hervorheben
- gezeichnete Bilder oder aufgeklebte Fotos/Abbildungen prägen sich leicht ein und regen zum Weiterdenken an
- nicht zu viele Nebenäste, sonst verliert man die Übersicht

Wenn alle Schüler zu einem Thema eine eigene Mindmap erstellen, werden soviel unterschiedliche Mindmaps entstehen, wie die Anzahl ihrer Schüler. Machen Sie den Versuch. Eine Mindmap ist auch ein optimaler Spickzettel bzw. eine gute Visualisierungsmöglichkeit, wenn Ihre Schüler ein Referat vortragen müssen.

S. 10/11 Mind your map, please

Auf diesen beiden Seiten wird Mindmapping eingesetzt, um den Inhalt des Textes: Leben auf der Rinderfarm „Newcastle Waters" sichtbar zu machen. Außerdem bekommen Ihre Schüler noch weitere Anregungen, wie man sich das Lernen mit Mindmapping leichter machen kann:
- auf eine Klassenarbeit/einen Test vorbereiten
- einen Aufsatz/ein Referat schreiben

Lösung der topografischen Übung:
a. Westaustralien
b. Nordterritorium
c. Südaustralien
d. Queensland
e. Neusüdwales
f. Victoria

S. 12/13 Wir beschaffen uns Informationen über ein Land (Teil 1)
S. 14/15 Wir beschaffen uns Informationen über ein Land (Teil 2)

Die Eigenständigkeit der Schüler muss gezielt und kleinschrittig gefördert werden. Schwerpunkt der nächsten Seiten ist: Wie führe ich Schüler zur selbstständigen Informationsbeschaffung?
Auf den folgenden Seiten kommen die Methoden „Brainstorming" und „Mindmapping" zur Anwendung.

Die folgenden 5 Schritte strukturieren das Vorgehen:

1. Schritt: Thema (Land) wählen
2. Schritt: Was wollen wir wissen? – Vorhandenes Wissen bereitstellen und nach Themen ordnen.
3. Schritt: Informationsquellen suchen
4. Schritt: Material sichten, ordnen und auswerten
5. Schritt: Ergebnisse präsentieren

Diese Vorgehensweise kann auf jede Aufgabe, die mit einer selbstständigen Informationsbeschaffung verbunden ist, übertragen werden.
Am Beispiel Griechenland werden diese 5 Arbeitsschritte exemplarisch vorgestellt.

1. Schritt: Das zu untersuchende Land wird bestimmt: Griechenland.

2. Schritt: Das Vorwissen Ihrer Schüler wird in Form eines Brainstorming abgerufen und durch weitere Informationen (siehe Hauptäste und Nebenäste) ergänzt.

Unterrichtspraktische Hinweise:
Zuerst befasst sich jeder Schüler einzeln mit der gestellten Aufgabe. Danach werden die Ergebnisse mit einem Partner/einer Partnerin besprochen und ergänzt. Eine Schülergruppe (höchstens 6 Schüler) erstellt dann aus drei Vor-

OKTOPUS Lernen mit Methode, ISBN 3-623-20700-4

schlägen eine gemeinsame Mindmap auf einem Plakat und ergänzt durch weitere Informationen.
Wie Ihre Schüler an weitere Informationen kommen, erfahren sie auf den Seiten 14 und 15 **Wir beschaffen uns Informationen (Teil 2)**

3. Schritt: Hier werden zunächst die 5 Informationsquellen Bücherei, Botschaft eines Landes, Zeitschriften und Reiseführer, das Internet und Prospektmaterial aus dem Reisebüro ganz allgemein vorgestellt. Bezogen auf Griechenland erfolgen konkrete Hinweise, wie man diese Informationsquellen nutzen kann.

4. Schritt: Dieser Schritt ist besonders wichtig und sollte mit den Schülern intensiv besprochen und bearbeitet werden. Im unteren Teil der Außenwand des griech. Kiosk finden Sie methodische Schritte, die das Vorgehen strukturieren.

Das griechische Alphabet ist der Codeschlüssel um folgende Wörter zu entschlüsseln:

ΣΑΛΟΝΙΚΙ – Saloniki
ΠΕΛΟΠΟΝΝΕΣ – Peloponnes
ΠΙΝΔΟΣ-ΓΕΒΙΡΓΕ – Pindos-Gebirge
ΟΛΨΜΠ – Olymp
ΠΑΤΡΑΣ – Patras
ΣΑΜΟΣ– Samos
ΑΚΡΟΠΟΛΙΣ – Akropolis

5. Schritt: Die Ergebnisse können in Form eines Plakate präsentiert werden.
Andere Präsentationsmöglichkeiten: ein Leporello herstellen, einen Reiseprospekt entwerfen, eine Ausstellung zusammenstellen, eine PowerPoint-Präsentation gestalten, ...

S. 16ff Wir wwwerfen im Internet die Suchmaschine an

Die Bedeutung der neuen Informations- und Kommunikationstechnologien nimmt immer mehr zu. Die Schüler erleben, dass durch das Internet Informationen aktuell, universell und global zur Verfügung stehen, denn ein weltweiter Zugriff auf Datenbanken ist möglich. Gleichzeitig erhöht sich aber die Gefahr einer unreflektierten Nutzung.
Auf den folgenden Seiten wird am Beispiel Informationssuche im Internet auf die Vor- und Nachteile bzw. Chancen und Gefahren der neuen Informations- und Kommunikationstechnologien aufmerksam gemacht – Aktualität und Universalität stehen der Oberflächlichkeit und Gültigkeit von Informationen gegenüber.
Auf den Seiten 16 und 17 werden grundlegende Kenntnisse vermittelt, die vielen Ihrer Schüler sicher schon geläufig sind: die wichtigsten Suchmaschinen helfen bei der Informationssuche, ein kleines Internet-Lexikon führt in Fachbegriffe ein, eine topografische Bestimmungsübung macht mit einigen Länderkurzzeichen bekannt.

Lösung

OKTOPUS Lernen mit Methode, ISBN 3-623-20700-4

S. 18 Wir wwwerfen im Internet die Suchmaschine an (2)

Auf dieser Seite wird die Informationssuche im Internet mit dem Nachschlagen in einem Lexikon verglichen. Am Beispiel des Themas „Erdbeben" erkennen die Schüler, dass die Informationen im Internet zu einem bestimmten Thema nicht sortiert bzw. alphabetisch geordnet sind.
Die Schüler sollen unter dem Stichwort „Erdbeben" in einem Lexikon nachschlagen und die gefundenen Informationen aufschreiben – stellen Sie Ihren Schülern unterschiedliche Lexika zur Verfügung. In der Tabelle sollen anschließend über einige Tage hinweg die Eintragungen im Internet zum Thema „Erdbeben" beobachtet und die Anzahl notiert werden. Am besten lassen Sie Ihre Schüler alle zwei bis drei Tage nachsehen, auch unter verschiedenen Suchmaschinen.
Tipp: Weisen Sie Ihre Schüler unbedingt darauf hin, dass die Nummerierung der Beiträge keine Rangfolge nach Wichtigkeit und Wahrheit darstellt, sondern nur angibt, welche Beiträge am häufigsten ausgewählt und gelesen wurden.
Mit dem Hinweis, dass man nur das aus dem Internet holen kann, was andere hinein gegeben haben, muss man die Schlussfolgerung ziehen, dass davon sicher nicht alles wahr und wichtig ist.

S. 19

Dass sich Ihre Schüler nicht im Informationsgewirr des Internet verlieren, verhindern drei Fragen:

1. Was suchst du? – Wie heißt dein Thema?
2. Wo suchst du? – Wähle die geeignete Suchmaschine!
3. Wie gehst du mit der gefundenen Information um? – Sind die Informationen für dein Thema geeignet?

Unterrichtspraktische Hinweise:

Mit dem Auftrag, für die eigene Stadt einen Steckbrief zu erstellen, sammeln Ihre Schüler zuerst einmal Stichwörter unter dem Aspekt: Was ist wichtig? Was soll in unserem Steckbrief stehen.
Jeder Schüler schreibt zunächst einmal seine Ideen in die Stichwortliste, um sie anschließend in einer kleinen Gruppe mit seinen Mitschülern zu besprechen. Aus den Vorschlägen der Gruppenmitglieder wird nun eine gemeinsame Liste erstellt. Diese Liste ist eine wichtige Grundlage, um aus den Angeboten des Internets die für die gestellte Aufgabe geeigneten Beiträge auszusuchen.

Lösung:

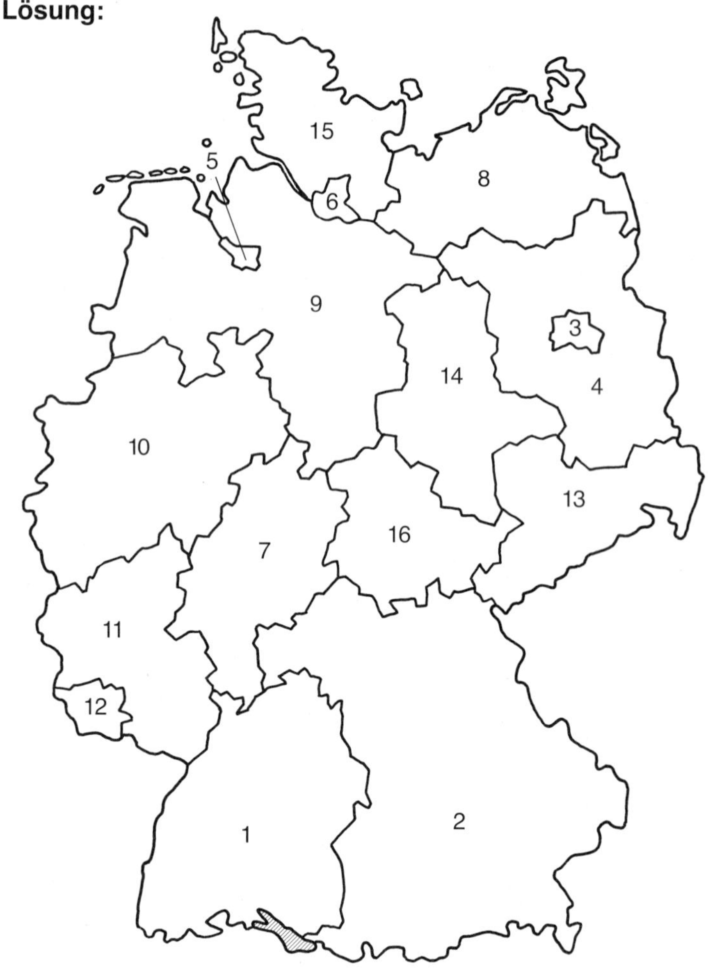

S. 20 Wir wwwerfen im Internet die Suchmaschine an (3)

Schritt für Schritt werden Ihre Schüler am Beispiel des Suchbegriffs „Deutsche Städte" zum Ziel geführt.
Auch die anderen Suchbegriffe und verschiedene Suchmaschinen sollten ausprobiert werden. Achten Sie darauf, dass Ihre Schüler wichtige Informationen ausdrucken und wichtige Adressen als Lesezeichen (Bookmark) ablegen.

S. 22–25 Das Lernschlüsselspiel

Die Aufgabe „Erfinde die Spielregeln für das Würfelspiel" eignet sich für eine arbeitsgleiche Gruppenarbeit. Die Fragen strukturieren die Spielanleitung.

Lösungen/Lösungsvorschläge für die Fragekärtchen:

1. Wir lesen mit dem Marker bedeutet, dass wir wichtige Informationen in einem Text markieren.
2. Nenne die sieben Regeln der Textauswertung: Text aufmerksam lesen – unbekannte Wörter unterstreichen – nachschlagen – Überschriften/Fragen formulieren/ Schlüsselwörter markieren – Text zusammenfassen – Textinhalt sichtbar machen.
3. Wie kannst du einen Textinhalt sichtbar machen? – Ich bringe die Schlüsselwörter in ein Gedankenschema
4. Wie kann man eine Mindmap noch nennen? – Gedankenlandkarte/Landkarte der Gedanken/Gedächtniskarte
5. Tom Buzan hat das Mindmapping erfunden.
6. Bei einer Mindmap stehen die Hauptgedanken auf den Hauptästen.
7. Mindmapping eignet sich besonders, um die Gedanken zu ordnen.
8. Ein Mindmap kann man mit einem Baum vergleichen.
9. Wie behalten nur 10 % von dem, was wir lesen, aber 90 % von dem, was wir selbst tun.
10. Bringe in die richtige Reihenfolge: Thema wählen – Was willst du wissen? – Info-Quellen suchen – Material sammeln und ordnen – Ergebnisse präsentieren
11. Wenn du in einer Bücherei zu einem Thema Bücher suchst, helfen dir der Autorenkatalog, der Titelkatalog und der Stichwortkatalog
12. Griechenland ist ein Land in Südost-Europa
13. Wenn du dich für ein bestimmtes Land interessierst, bekommst du Informationen in einer Bücherei, im Reisebüro, im Internet, in Zeitschriften und Reiseführern und bei der jeweiligen Botschaft.
14. Nenne mindestens drei Suchmaschinen: www.web.de/ www.yahoo.de/ www.fireball.de/ www.google.de/ ...
15. Im Internet nennt man Querverweise in einem Text auf andere Texte Links.
16. Was machst du davon am liebsten? Erkläre: surfen – im Internet nach Informationen suchen – chatten – sich im Internet mit jemandem unterhalten – mailen – einen Brief über das Internet verschicken
17. Damit du dich im Internet nicht im Informationsgewirr verlierst, beachte folgende Fragen: Was suchst du? – Wo suchst du? – Wie gehst du mit der gefundenen Information um?
18. Was stimmt an dieser Internetadresse nicht? – Das Länderzeichen. Muss heißen http://www.intel.gb
19. www.simpsons.li – Der Anbieter befindet sich in Liechtenstein
20. Die Schlüsselwörter helfen dir, einen Text besser zu verstehen
21. Das Bildzeichen bedeutet: Lexikon, Internet, Nachschlagewerke und andere Sachbücher zum Thema benutzen. In der Schulbücherei oder anderen Bibliotheken sollst du zum Thema nachforschen.

Poster: Lernen mit Methode – wie geht das?

Hier kannst du alles aufschreiben, was dir das Lernen erleichtert und dein Gehirn topfit macht.

OKTOPUS Lernen mit Methode, ISBN 3-623-20700-4